本书由大连市人民政府资助出版
中国博士后科学基金面上项目（编号：200904501257）
中国博士后科学基金特别资助项目（第四批）（编号：201104626）
教育部人文社会科学研究规划项目（编号：10YJA630200）
国家自然科学基金青年项目（编号：71202038）
教育部新世纪优秀人才计划项目（编号：NCET-13-0708）

管理学论丛

社会网络嵌入与营销渠道行为

理论与实证

SOCIAL NETWORK EMBEDDEDNESS AND MARKETING CHANNEL BEHAVIORS: THEORY BUILDING AND EMPIRICAL RESEARCH

张 闯◎著

图书在版编目(CIP)数据

社会网络嵌入与营销渠道行为:理论与实证/张闯著.—北京:北京大学出版社,2014.7

(管理学论丛)

ISBN 978-7-301-24388-6

Ⅰ.①社… Ⅱ.①张… Ⅲ.①购销渠道-研究 Ⅳ.①F713.1

中国版本图书馆 CIP 数据核字(2014)第 129910 号

书　　　　名:	社会网络嵌入与营销渠道行为:理论与实证
著作责任者:	张　闯　著
策 划 编 辑:	叶　楠
责 任 编 辑:	王　军
标 准 书 号:	ISBN 978-7-301-24388-6/F·3968
出 版 发 行:	北京大学出版社
地　　　　址:	北京市海淀区成府路 205 号　100871
网　　　　址:	http://www.pup.cn
电 子 信 箱:	em@pup.cn　　QQ:552063295
新 浪 微 博:	@北京大学出版社　@北京大学出版社经管图书
电　　　　话:	邮购部 62752015　发行部 62750672　编辑部 62752926　出版部 62754962
印　 刷　 者:	北京宏伟双华印刷有限公司
经　 销　 者:	新华书店

　　　　　　　730 毫米×1020 毫米　16 开本　12 印张　196 千字
　　　　　　　2014 年 7 月第 1 版　2014 年 7 月第 1 次印刷

定　　　　价:32.00 元

未经许可,不得以任何方式复制或抄袭本书之部分或全部内容。

版权所有,侵权必究

举报电话:010-62752024　电子信箱:fd@pup.pku.edu.cn

序　言

和人交往,我是相信缘分的,正所谓"有缘千里来相会,无缘对面不相识"。缘分又有很多种,有人将其归纳为亲缘(血姻亲情之缘)、地缘(邻里老乡之缘)、神缘(共同的宗教信仰之缘)、业缘(同行、同学之缘)和物缘(共有的喜好和兴趣之缘)五种缘分,再外加一个机缘,即短暂性的社会联系,如同舟、同店、同(考)场、同难等。

和张闯的交往,最初来自业缘和物缘。因为都参加一些同行的学术会议,都对营销渠道的研究有兴趣,所以很谈得来。再加之,他为人厚道,天资聪慧,又很虚心,有谦谦君子之风,是我欣赏的类型,因此几面之后,就有了亦师亦友的关系。当时,他正在做博士论文,研究的主题就是从社会网络的视角探讨营销渠道管理行为。这是我想做但不敢做的,因为收集数据的难度太大。好在当时的东北财经大学不要求博士论文一定是实证的,作理论构建的论文也可以过。他写了一个论文大纲,通过 E-Mail 征求我的意见。我当时除了给出一些写论文的意见外,还特别写了一句话:"真羡慕夏老师有你这样的学生,能推着老师走!"这是我发自内心的赞赏,因为我的体会是,在中国当时和目前的情况下,一个老师带十来个学生,如果个个让老师拉着走,老师就累死了。直到现在,我还是欣赏这样的学生,他们往往超出老师的预期,用他们的努力要超越老师,让老师有一种被推着走的感觉。我愿意花更多的时间在他们身上,作为他们成长的一个阶梯。

之后,作为评审人,审了他的论文,又应夏春玉教授之邀与清华大学赵平教授一起到东北财经大学参加了他的博士论文答辩。当时,给他提的唯一的意见和希望是:继续往下做,进行实证研究。再之后,他投到我门下,在我这里做博士后研究,我们这种亦师亦友的关系被"制度化"或"正式化"了。他很努力,出东西也很快,在博士后期间拿到了一个教育部的资助项目,也申请过自然基金的青年项目,虽然没有中,但是这为一年后获得自然基金青年项目的资助打下了很好的基础。坦率地讲,我有时觉得他出东西太多了,常常提醒他稍慢一点儿。

这本书，就是他在做博士后期间研究成果的一个总结。书中研究的主要贡献，就是尝试把社会网络的一些概念引入营销渠道行为管理的研究中。到目前为止，营销渠道行为管理的研究，大部分是研究营销渠道网络中的对偶或二元（dyadic）关系，很少有人将一个企业的营销渠道管理行为放在一个网络系统中研究。这就使理论研究与企业的营销渠道管理实践脱离，因为几乎所有企业针对一个渠道合作伙伴的管理行为都是在渠道网络中发生的，除了要考虑对方的感受、状况和行为，还要考虑除对方以外其他渠道合作伙伴的感受、状况和行为。尽管学术界早就意识到这一问题，但是由于网络系统的概念化、构念化和测量问题没有得到解决，网络系统的数据又不易收集，所以在营销渠道的理论发展中真正采用网络化方法（network approach）的研究非常少。这本书是张闯应用网络化方法研究营销渠道管理行为的一个尝试。

学术研究不能因为难就不去做，也不能因为有漏洞、有缺陷就不去尝试。毋庸讳言，张闯的研究还有很多漏洞和缺陷，包括网络系统的构念化、变量的测量以及样本的网络特征等方面，但是这毕竟是一个好的开始。具体的漏洞和缺陷，张闯在书中也都提到了，这是今后继续研究需要解决的问题。

我和张闯的缘分会持续下去，对我而言是下半生的。我真心希望他的未来能够走得更好，抵御各种诱惑，潜心学术，在学术研究中作出更大的成绩，不仅在中国，而且在国际学术界立得起来。另外，也欢迎更多的年轻学子来研究营销渠道管理问题，尤其是应用社会网络的方法进行研究。

庄贵军

西安交通大学管理学院教授

2014 年 5 月 31 日星期六

于古城西安大雁塔边

前　言

本书系在我的博士后出站报告的基础上修改而成。从某种程度上说,本书是我博士论文研究工作的延伸。在 2007 年通过答辩的博士论文中,我从社会网络视角建构了渠道网络结构对渠道权力影响的理论模型,但却没有对若干理论命题进行实证检验。2009 年,我进入西安交通大学管理学院工商管理博士后流动站开始了博士后研究,其间一个核心研究议题就是对当年博士论文中提出的若干理论命题进行实证检验。在三年多的博士后研究中,预期的目标基本实现,其研究工作的成果即是本书的核心内容。

针对传统渠道行为研究缺少对渠道网络背景进行研究的缺陷,本书从社会网络嵌入的视角展开渠道权力、冲突与合作等行为变量的实证研究,在定性研究与理论建构的基础上实证检验了营销渠道网络结构嵌入、关系嵌入以及社会资本对渠道依赖、渠道权力及其应用、冲突与合作等变量的影响机制,主要研究发现可以概括为以下四个方面:

第一,渠道网络结构对渠道权力应用及其结果的影响。从社会网络结构嵌入的角度,将衡量经销商群体网络结构的两个变量——网络密度和经销商的网络中心性引入渠道权力、冲突与合作研究框架,实证研究发现经销商的网络结构通过两种机制对渠道行为产生影响。一方面,经销商群体的网络密度和经销商的网络中心性对制造商应用非强制性权力均有显著正向影响,而对制造商使用强制性权力没有显著影响。另一方面,上述两个网络结构变量作为调节变量还会显著放大或缓冲制造商渠道权力应用的结果,即对渠道冲突与渠道合作的影响。其中,经销商网络密度和网络中心性显著正向调节渠道权力应用与合作间的关系;经销商网络中心性显著负向调节渠道权力应用与渠道冲突之间的关系。

第二,渠道关系强度对渠道权力应用的影响。从社会网络关系嵌入的角度,将渠道关系强度变量引入渠道权力的研究,实证研究表明渠道关系强度所包含的情感要素和行为要素对制造商渠道权力的应用方式存在不同影响。其中,代表关系强度行为要素的亲密程度与互惠程度对渠道成员应用强制性权力和非强制性权力分别具有显著的负向和正向影响;而代表关系强度情感要素的情感强度对制造商应用强制性权力有显著正向影响,而对其非强制性权力应用没有显著影响。

第三,渠道成员社会资本作为渠道权力的来源。在社会资本理论和中国本土文化背景下,将企业社会资本变量引入渠道权力与依赖的研究,实证研究发现制造商的社会资本对其渠道权力有显著的正向影响,即企业的社会关系构成了制造商重要的渠道权力基础。

第四,消费者品牌忠诚和店铺忠诚行为对零售商—供应商关系中依赖结构的影响。同样建立在社会网络结构嵌入理论的基础上,将传统渠道依赖—权力研究没有充分关注的消费者纳入分析框架,并采用来自零售商和消费者的双边配对数据对消费者的品牌忠诚和店铺忠诚行为对零售商—供应商关系中依赖结构的影响进行了实证检验。消费者的品牌忠诚对零售商依赖有显著正向影响;消费者的店铺忠诚则对供应商依赖有显著正向影响。研究表明渠道行为研究有必要将消费者行为纳入分析框架,因为消费者的行为会对渠道上游商业渠道子系统中渠道关系中的互动行为产生直接影响。

此外,为了给后面的实证研究操作提供依据和基础,我还在四项核心实证研究之前进行了一项多案例探索性研究,该研究的目的旨在回答"从渠道边界人员感知的角度对渠道网络结构测量是否可行"这个操作方法上的问题。我们针对14个渠道上下游企业的定性研究表明,渠道边界人员头脑中存在着一个界限相对清晰的渠道网络观念,这为本书的实证研究操作方法提供了基本的依据。

从构成来看,本书包括了相互关联的五个专题研究,它们分别体现了渠道边界人员对渠道网络的认知,以及渠道结构嵌入与关系嵌入对渠道依赖、渠道权力及其应用、冲突与合作等传统行为变量的影响。由于两种嵌入机制的影响机制存在较大的差异,加之此类研究在国内文献中还为数不多,为了方便读者阅读,我刻意保留了五个专题研究形式上的独立性,但在内容上并不存在交叉与重复。在本书的第1章中,我着重阐述了研究的背景与理论贡献,并在第2章中给出了本书研究的整体框架;在五个相对独立的专题研究之后,在本书的第8章,我从整体研究设计的角度对研究结论、理论贡献与未来方向进行了总结,这使得全书内容构成了相对完整的理论体系。

从网络视角对渠道行为进行分析是目前学界面临的一个重要趋势和重要挑战,其挑战主要来自于实证研究设计中对网络结构变量的操作方法。本书在这个方向上作了一点小小的尝试,希望能够为后续的研究提供些许借鉴。

1 绪论 /1
　1.1 营销渠道与渠道行为理论 /1
　1.2 现有理论的缺口、研究问题与研究视角 /6
　1.3 研究的理论贡献 /10

2 理论背景与分析框架 /13
　2.1 渠道依赖、权力、冲突与合作 /13
　2.2 社会网络嵌入 /20
　2.3 社会资本 /22
　2.4 分析框架与实证研究的内容 /24

3 营销渠道边界人员对渠道网络的认知：一项探索性研究 /27
　3.1 引言 /27
　3.2 营销渠道网络与网络认知：社会网络理论与网络图景理论 /29
　3.3 研究方法 /32
　3.4 主要研究发现 /35
　3.5 讨论与结论 /47

4 渠道权力应用、冲突与合作：渠道网络结构嵌入的影响 /53
　4.1 理论与假设 /54
　4.2 研究方法 /61
　4.3 数据分析与结果 /66
　4.4 讨论与结论 /71

5 渠道关系强度对渠道权力应用的影响:渠道关系嵌入的视角   /77
   5.1 理论与假设   /78
   5.2 研究方法   /85
   5.3 分析结果   /88
   5.4 讨论与结论   /91

6 企业社会资本对渠道权力与依赖的影响   /95
   6.1 理论与假设   /96
   6.2 研究方法   /99
   6.3 分析结果   /102
   6.4 讨论与结论   /104

7 消费者品牌忠诚与店铺忠诚对零供关系中依赖结构的影响:三元关系视角   /107
   7.1 引　言   /107
   7.2 理论与假设   /109
   7.3 研究方法   /118
   7.4 数据分析与结果   /125
   7.5 讨论与结论   /127

8 结论、问题与研究方向   /130
   8.1 研究的主要结论与特色   /130
   8.2 研究相关的几个问题   /134
   8.3 未来研究方向   /141

参考文献   /147
附录   /168
致谢   /180

1 绪 论

1.1 营销渠道与渠道行为理论

营销渠道(marketing channels)是促使产品或服务顺利地被使用或消费的一系列相互依赖的组织(Kotler,2000)。营销学界对营销渠道的研究主要涉及两大领域,即关注渠道结构设计与选择的渠道结构理论和关注渠道成员之间互动行为的渠道行为理论(庄贵军,2007),如图1-1所示。早期的营销渠道研究与现代营销理论的发展有着高度重叠的轨迹,脱胎于经济学的营销学在20世纪50—60年代完成从经济学导向向管理学导向的转向之前,经济学导向主导着早期对分销(distribution)问题的研究。将渠道看作是经济系统的观点认为,经济学法则协调了不同渠道成员的行为,从而使之构成了渠道系统。从企业是利益最大化的追求者这一经济学基本假设出发,渠道成员之间保持协作关系的根本原因在于它们可以从这种协作中获取其单独行动无法获取的利益。因此,上述观点决定了将渠道作为一个经济系统来研究的基本工具是经济学,尤其是微观经济学,其研究的导向也必然是关注渠道成本与效率的经济学导向。因而,这类研究关注的重点内容是渠道功能与结构的改进,并将渠道运行成本的节约和效率的提升作为研究的基本目标。在管理学导向下,从管理绩效的角度来考虑问题,企业则强调对其营销渠道的结构进行科学设计与选择,通过不断改进与优化企业的营销渠道结构来达到提升企业经营绩效之目的。因此,在这一研究内容中,微观经济学及交易成本经济学等经济学理论是渠道结构研究的理论基础,其基本导向则是渠道成本与效率。

尽管经济学方法对理解渠道成员之间的协作关系和渠道系统的运行提供了颇具价值的视角,但仅从这一单一的视角去透视本质上是多维度的渠道系统可

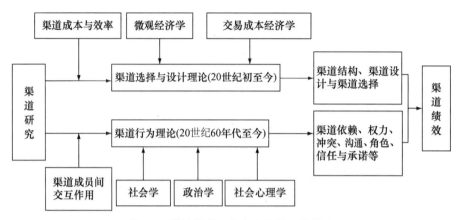

图 1-1 营销渠道研究内容及其理论基础

能无法获得对渠道系统的全面理解。其根本原因在于渠道成员之间的系列交易行为中除了经济交易之外,还包含着更为丰富的社会互动元素,而这些社会互动元素恰恰是无法进入经济学的分析视野的。更为重要的是,渠道成员之间的经济交易行为不仅无法与其中的社会互动过程分开,而且根据嵌入理论的观点,任何经济交换行为都是嵌入在社会关系中的,即任何经济行为都不可避免地要受到行为主体的社会关系背景的影响(Granovetter,1985)。而根据社会交换理论的观点,经济交易仅仅是更为一般的社会交换的一种特定形式而已,因而经济学视角下的渠道成员之间的经济交易行为实际上是一个更为一般的理论中的一个特定变量(Stern & Brown,1969)。因此,要更加全面、深刻地理解渠道系统的运行,必须将分析的视角进行拓展,将社会与行为变量纳入分析视野,因为渠道系统首先是作为一个社会系统存在,其次才是一个经济系统,并且前者是更加根本的。正是对渠道系统性质的这种认识导致了渠道行为理论的产生。

相对于渠道结构设计与选择理论关注渠道的结构及其成本与效率问题而言,渠道行为理论则关注在既定的渠道结构下渠道成员之间关系的建立、维持与终止过程,以及渠道关系内的互动行为(庄贵军,2007)。营销学者对渠道行为问题的研究开始于 20 世纪 60 年代的后期,这一研究领域的学者们大量汲取了社会学、社会心理学、政治学,以及组织理论的观点和方法,对传统经济学导向的研究所忽视的渠道成员之间的社会互动过程进行了深入的研究,并且形成了一套该领域的学者们共同认可的研究范式(张闯,2008a)。

首先,就分析范围而言,渠道行为理论将其分析范围限定在商业渠道子系统内,即由制造商、批发商和零售商构成的盈利子系统,而将同样处于渠道纵向链条上的消费者排除在外。为了研究方便,消费者通常被视为接受商业渠道系统输出的环境要素,虽然渠道行为理论研究者也承认消费者作为渠道成员所履行的渠道功能,但即使将消费者纳入分析的视野,也是将其视为渠道行为的外生变量,而不是作为渠道成员。可见,渠道系统中的消费者实际上具有双重角色——履行部分渠道功能的渠道成员和商业渠道系统的环境要素。作为渠道成员的消费者与商业渠道成员之间在个体的属性上是不对等的(一个是自然人,一个是企业),这恐怕是消费者很难进入渠道行为分析视野的一个重要原因。而作为环境要素的消费者则是环境中最为关键的要素,因为商业渠道系统所运行的目的就是为消费者创造形式、空间、时间等方面的效用,从而满足消费者的需求。因此消费者的需求偏好、商业渠道系统的输出与消费者需求的匹配程度将会对渠道系统的运行产生重大影响。渠道行为理论对消费者的角色与地位的限定实际上也提供了理论创新的机会与空间,对消费者在渠道系统中的角色与作用的分析将是这一创新的主要方向。

其次,渠道行为理论的基本分析单位。渠道系统中的基本活动是发生在纵向排列的渠道成员之间的交换,这种交换既包括经济交换,也包括内涵丰富的社会交换。如果将交换活动看作渠道系统中的基本活动,那么将由两个交换主体所构成的二元(dyadic)交换关系作为渠道行为分析的基本单位的重要性就被突显出来。在这样的模型中,渠道行为被看作是关系内在的社会行为,而关系内双方交换的结果则取决于关系的结构安排、双方的谈判、关系内的权力、冲突等要素。值得注意的是,在特定研究中作为基本单位的二元关系并不限定在渠道纵向排列的企业中相邻的两个,只要渠道系统中成员之间发生了直接的、目标导向的社会互动过程,一个基本的分析单位就可以得到确定(Achrol, Reve & Stern, 1983)。相对于将单体企业或渠道系统整体作为分析单位的研究视角而言,将一个二元关系作为分析的基本单位能够更好地解释渠道成员之间的交换是如何被创造、执行和避免的,以及交换被创造、执行和避免的原因(Achrol, et al., 1983)。值得注意的是,将二元关系作为分析的基本单位,并不意味着限制渠道系统中的任何第三个或更多的渠道主体与该二元关系建立关联。恰恰相反,交换双方与二元关系以外的联系,以及这种联系对关系内交换行为的影响反而对更加深入地理解渠道行为更为关键。从这个角度看,二元分析范式为分析渠道环境要素对渠道行为的影响提供了一个基本的分析边界。与此同时,如果允许二元关系以外的行为主体进入分析的视野,就为还原渠道系统的网络化本质提供了一个便捷的切入点。从本质上看,渠道系统的组织形态是网络化的,而二元关系只是构成网络的基本单位。因而仅仅将二元关系作为渠道行为分析的基本单位是无法全面而深入地理解渠道系统的行为特征的,只有进行网络分析才能完全地把握渠道系统内企业间关系的复杂性。但是,要对企业间的互动网络进行研究,首先需要对网络中发生在两个主体之间的基本交换关系有深入的理解,因而二元分析范式实际上是进行网络分析的起点(Achrol, et al., 1983)。当然,渠道行为理论的二元分析范式也为研究的创新提供了基本的方向,那就是将二元关系向网络方向拓展,将研究的视角从过去的"关系嵌入"向"结构嵌入"转换,即从"经济行为及其结果是如何被二元关系影响的"向"上述行为及其结果是如何受到关系网络结构影响的"转换(Wuyts, Stremersch, Bulte & Franses, 2004)。

再次,渠道行为理论分析的基本层面。从系统的观点来看,渠道系统是由若干个子系统构成的,而这些子系统又是由若干个更小的系统构成的。渠道成员之间的互动行为是发生在两个独立的企业之间的,而这些企业本身又是由企业内部部门及其员工构成的系统,而企业之间的互动行为实际上是由企业的边界人员完成的,他们代表各自的企业与对方完成这一互动过程。与此同时,在企业内部不同部门、不同管理层级上的员工之间的依赖关系以及由此带来的互动行为将会对企业之间的互动行为产生极大的影响。如果按照这种思路追索下去的话,系统的分析者会发现他所要研究的系统已经变得非常复杂,以至于无法展开有效的研究了。因此,当把商业渠道系统作为渠道行为理论的基本分析范围时,这个系统内的个体企业就应当是对该系统进行分析的最基本的层面。而渠道行为理论对该系统的分析就是着眼于企业之间的互动行为,而不考虑企业内部部门及其员工的影响(Stern & Brown, 1969)。这样的分析范式实际上带来了一个非常重要的问题:渠道行为理论建立的基础乃是社会学、社会心理学等行为科学,前者实际上是将后者的理论直接应用于渠道行为问题的研究,但渠道行为理论所借用的这些学科的很多理论(如社会交换理论、社会权力理论)都是建立在个人层面(inter-person)上的,而这些理论在渠道行为理论中却几乎没有修正地被直接用于企业层面(inter-firm)研究,这种研究层面的直接转换将有可能产生重要的理论问题(El-Ansary,1975)。从这个角度来看,对跨组织人际关系与组织间关系及其相互作用对渠道行为的影响展开研究构成了渠道行为理论研究的一个重要方向(庄贵军,2012)。

最后,渠道系统与环境要素的互动边界。渠道系统是一个开放的系统,这就意味着系统内的成员与其环境要素之间是相互影响的。如果将二元关系作为渠道行为分析的基本单位的话,则环境要素的确定也就应该围绕着特定的二元关系(focal dyad)来展开。按照这样的思路,任何二元关系以外的要素都可以将其称为环境要素。显然,任何一个二元关系所面对的环境要素都是极为复杂的。为了研究的方便,可以按照环境要素对特定二元关系的影响方式将其分为主要任务环境要素(primary task environment elements)、次要任务环境要素(secondary task environment elements)和宏观环境要素(macro environment elements)(Achrol, et al.,1983)。其中,主要任务环境要素是与二元关系主体直接建立交换关系的渠道主体,主要包括二元关系主体的上游和下游成员、主要竞争者和其他利益相关者;次要任务环境要素是间接与二元关系主体建立交换关系的渠道主体,它们包括更上游和更下游的渠道成员,以及其他不与二元关系主体发生直接联系的利益相关者;宏观环境要素则是一般的社会、政治、经济、技术与法律等因素,它们不仅对特定的二元关系产生影响,还会对其首要和次要任务环境要素产生影响。在渠道行为理论中,渠道系统,尤其是研究的基本单位——二元交换关系与其任务环境要素之间是相互依赖的,渠道关系主体与环境要素的互动主要是发生在渠道成员与其任务环境要素之间,而在特定的研究背景下将宏观环境要素看作是既定的背景。虽然如此,渠道系统与其任务环境之间实际上并不存在一个清晰的分界,二者不仅构成了一个更大的系统,而且正是由于任务环境要素的加入才使得渠道系统的网络化特征得到了突显。这样,作为基本分析单位的二元交换关系实际上是嵌入在网络中的,该网络的结构和其他网络结点成员的位置与属性都会对二元交换关系内部的互动过程产生重大影响,如图1-2所示。

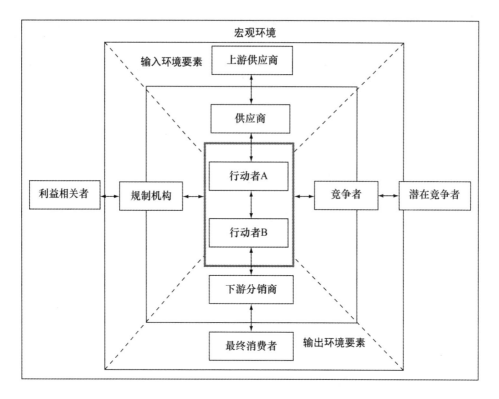

图 1-2 渠道网络中的二元关系

资料来源:Achrol, Ravi Singh, Torger Reve, Louis W. Stern(1983), "The Environment of Marketing Channel Dyads: A Framework for Comparative Analysis", *Journal of Marketing*, 47 (Fall): p.58.

1.2 现有理论的缺口、研究问题与研究视角

1.2.1 现有理论的缺口

从20世纪70年代的渠道权力与冲突,到90年代以后的渠道信任与承诺,虽然渠道行为理论关注的行为问题范围广泛,但作为渠道行为的基础变量,渠道依赖—权力关系一直是渠道行为理论研究的中心议题之一(Stern, 1988; Frazier, 1999),渠道权力与冲突理论也是渠道行为理论中较为成熟的部分(Gaski,

1984)。尽管如此,以渠道依赖、权力与冲突理论为代表的渠道行为理论的发展还远未成熟,尚有很多重大的理论问题需要突破与解决(综述性文献参见梁守砚,张闯,2009)。

首先,现有研究主要遵循着二元分析范式,缺少对渠道网络的关注。在过去四十余年的研究中,渠道行为理论研究始终没能突破二元分析范式(以两个渠道主体之间的关系为研究单位),这不足以解释整个渠道系统网络化结构的性质(Van den Butle & Wuyts, 2007)。20世纪90年代以后,许多学者倡导突破二元结构分析范式,对渠道行为进行网络分析,以更加全面地理解渠道行为现象和问题(Anderson, Håkanson & Johanson, 1994; Achrol, 1997; Achrol & Kotler, 1999; Levy & Grewal, 2000; Antia & Frazier, 2001; Van den Butle & Wuyts, 2007),但从网络视角来分析渠道行为的实证研究文献仍然为数不多(如Antia & Frazier, 2001; Wathne & Heide, 2004; Wuyts & Geyskens, 2005; Swaminathan & Moorman, 2009; Sweevers, Skinner & Dahlstrom, 2010;尹洪娟等,2008;张闯等,2010)。这种分析范式转换的缓慢在某种程度上反映了将渠道网络背景纳入实证分析框架过程中操作化的难度,这一点我们将在后文展开。

其次,现有研究缺乏对消费者行为的关注。由于整个渠道系统运行的基本目的就是为了满足消费者的需求,并在此基础上为各个渠道参与方创造价值。因而消费者的行为与角色实际上会对整个渠道系统的运行产生非常重要的影响(张闯,2008b)。在现有的研究中,消费者要么被视为一个微不足道的行为主体,要么被完全忽略了,研究重点被放在由制造商、批发商和零售商纵向排列构成的商业渠道子系统上(Krishnan & Soni, 1997)。Butaney和Wortzel(1988)认为传统的渠道权力研究没有考虑消费者作用的原因在于消费品渠道中消费者的权力太小,因而难以对制造商—分销商关系中的权力结构产生影响。然而,作为营销渠道服务的对象,消费者的需求不仅是驱动整个商业渠道子系统运转的原动力,消费者的购买决策和购买行为(如买什么品牌、在哪里买)更可能对上游零供关系中的互动行为产生影响(张闯,2008b)。因此,个体消费者的权力微小,不能成为不探讨这一问题的理由。并且随着信息技术的飞速发展,消费者在渠道中的角色与作用相对于以往正在发生颠覆性的变化,在这样的现实背景下,营销学者绝对不能也不应该忽视消费者在渠道行为中的重要作用。

再次,本土文化情境的研究相对缺乏。现有的研究几乎都是在西方发达国家(尤其是美国)的市场背景下完成的,因此,在如此单一市场环境下形成的理论是否具有一般的适用性已经成为很多营销学者关注的重要问题之一。从现有的研究来看,那些涉及跨文化的研究均表明将现有的理论在不同的文化背景下直接使用是非常危险的,因为权力与关系本身就是一个社会文化概念,在西方社会文化背景下得到的理论在东方的文化背景中可能并不适用,在发达国家市场经济条件下得到的结论在发展中国家计划经济或转轨经济条件下可能也并不适用。一些以中国市场为背景,并融入了中国本土社会文化要素的研究(如 Zhuang & Zhou, 2004;庄贵军,席酉民,2004;庄贵军,席酉民,周筱莲,2007;张闯,李骥,关宇虹,2014)已经在不同程度上证实文化情境的重要性。对于中国学者来说,中国处于转型阶段的市场不仅为检验传统渠道行为理论提供了良好的现实背景,也为构建本土化的渠道行为理论提供了难得的机遇。

最后,在传统二元分析范式中,缺乏对关系内情感要素的关注。虽然情感被认为是营销交换活动的核心要素(Bagozzi, Gopinath & Nyer, 1999),但在渠道行为研究中情感的作用并没有得到足够的关注(Stanko, Bonner & Calantone, 2007; Kidwell, Hardesty, Murtha & Sheng, 2011; Tähtinen & Blois, 2011),关系中情感要素往往是和行为要素复合在一起的(Rodriguez & Wilson, 2002; Gounaris, 2005),并没有区分这两种要素的不同作用。而已有的少数研究表明,渠道关系内的情感与行为要素对企业行为的影响是存在差异的(Stanko et al., 2007),但这种差异是否会对渠道权力应用等行为带来不同的影响尚缺乏实证证据。

1.2.2 研究问题与研究视角

针对以上理论缺陷,本书主要从社会网络的视角切入对渠道依赖、权力、冲突与合作等渠道行为的研究,力图突破传统二元分析范式,尝试性地将渠道行为理论研究向网络分析方向推进。从社会网络理论的角度来看,行为主体的经济行为是嵌入在社会网络中的,并且不可避免地要受到网络背景的影响(Granovetter, 1985)。社会网络背景对企业行为的影响机制主要来自两个方面——网络的结构和关系的性质与内容,前者被称为结构嵌入(structural embeddedness),后者则被称为关系嵌入（relational embeddedness）(Granovetter，1992)。在结构嵌入的影响机制下，从二元分析范式转向网络分析范式过程中，社会学家Simmel认为很多结构问题都可以通过从二元视角转向三元（triadic）视角给予关注，并且这些问题并不会由于分析范围向包括四个或者更多行动者的拓展而发生根本的改变（特纳，2001）。三元网络结构处于二元结构向包含更多行动者和关系的复杂网络的中介层面，二元关系嵌入在三元网络结构中，二元关系相互联结就可以构成更为复杂的完整网络，而新的网络关系也可以从这种联结中出现，三元关系在网络结构中的上述中介层面使得对三元网络层面的分析对整体网络分析具有重要的理论价值（Madhavan，Gnyawali & He，2004）。因此，我们的结构嵌入研究视角将同时包括更大范围网络结构对渠道行为的影响，以及渠道系统三元关系结构对渠道行为的影响。

在上述研究视角下，本书将主要回答以下几个问题：

第一，渠道边界人员在决策时是否具有网络观念？如果这种网络观念存在，那么该网络的形态是什么样的？渠道边界人员通过什么方式实现对渠道网络的认知？渠道边界人员认知到的渠道网络如何影响渠道成员的行为？针对以上几个基础性的问题，我们将展开一项多案例的探索性研究，一方面明确现实中渠道边界人员对渠道网络结构的认知，另一方面为后续实证研究操作提供依据。

第二，渠道网络结构是否会对渠道行为产生影响？如果这种影响存在，会产生怎样的影响？具体而言，渠道网络结构变量是否以及如何影响企业渠道权力的应用？虽然在二元分析范式下，渠道权力应用与冲突、合作关系的研究已经积累了很多研究文献，但在渠道网络背景下，上述变量间的关系是否会受到网络结构变量的调节性影响？换言之，渠道网络结构变量是否会放大或缓冲渠道权力应用方式对渠道冲突与合作的影响？对上述问题的研究，我们将采用结构嵌入的视角，重点考虑大范围渠道网络结构变量的影响。

第三，消费者的行为是否会对商业渠道子系统中渠道成员之间的互动行为产生影响？在传统渠道行为理论的研究中这是个有待回答的问题。本书将把消费者纳入渠道依赖分析框架，实证性地检验消费者的行为（品牌忠诚与店铺忠诚）对零售商—供应商渠道关系中依赖结构的影响。对此问题的研究，我们将采用结构嵌入的视角，主要从消费者—零售商—供应商这一三元渠道结构角度检验消费者—零售商关系、消费者—供应商关系对零售商—供应商关系中依赖结构的影响。

第四,在关系嵌入的视角下,渠道关系强度如何影响企业应用渠道权力的方式?更为重要的是,渠道关系强度的不同维度——情感与行为要素是否对企业应用渠道权力有不同的影响?对此问题的研究,我们将重点实证检验渠道关系嵌入的行为与情感要素对渠道行为差异化的影响机制。

第五,在传统渠道权力理论中,社会交换理论和资源依赖理论认为渠道成员的依赖是产生渠道权力的基础,而这种依赖的本质则是对渠道成员所拥有的稀缺资源的依赖(Emerson,1962;Zhuang & Zhou,2004)。在传统渠道权力研究中,由于渠道权力作为渠道行为的基础性变量,学者们大多是将渠道权力结构作为其他渠道行为的基础,而很少有研究关注渠道权力的来源(张闯,杜楠,2012)。除了有形或无形的经济资源以外,渠道成员所拥有的社会关系网络是否会成为其渠道权力的来源?从社会资本(social capital)理论的角度来看,社会网络中蕴含的各种资源是可以为企业所动员和利用的,因此社会网络可能是企业渠道权力的另一个来源。本书将从社会资本理论的角度来实证检验上述命题。

1.3 研究的理论贡献

本书的理论创新主要体现在社会网络视角的引入,并实证检验社会网络嵌入机制对渠道权力及其应用等渠道行为的影响,这对突破渠道行为的二元分析范式,推动渠道行为研究向网络分析方向转换具有重要启发价值。具体而言,本书的理论贡献主要体现在以下几个方面:

第一,针对现有渠道权力研究缺乏对渠道网络背景考虑的缺陷,本书实证检验了渠道网络结构变量(网络密度和网络中心性)对企业渠道权力应用方式的影响,以及对渠道权力应用与渠道冲突、合作间关系的调节作用。实证研究发现渠道网络结构变量不仅对企业应用权力的方式有显著影响,还可以显著地放大或缓冲渠道权力应用方式对渠道冲突与合作的影响。这一研究发现为渠道网络结构嵌入对渠道行为的影响提供了直接的实证证据,对于推动渠道行为研究从二元分析范式向网络分析转换具有重要价值。

第二,针对传统渠道权力研究对消费者作用关注的不足,本书将消费者纳入渠道依赖分析框架,并从三元结构嵌入的视角实证检验了消费者的品牌忠诚和店铺忠诚行为对零售商—供应商关系中依赖结构的影响。实证研究发现消费者的品牌忠诚对零售商依赖有显著正向影响,消费者的店铺忠诚则对供应商依赖有显著正向影响。这一研究发现一方面证实了消费者行为对零售商—供应商渠道关系中依赖结构的显著影响,另一方面为三元渠道关系的结构嵌入影响机制提供了实证证据。这一研究发现对于推动渠道行为理论突破传统二元分析范式具有重要理论意义。

第三,针对现有渠道权力研究对渠道关系嵌入机制,尤其是渠道关系中情感因素关注的不足,本书将关系强度(tie strength)变量引入渠道权力研究框架,并实证检验了渠道关系强度的情感与行为要素对企业渠道权力应用方式的影响。实证研究发现关系强度的行为与情感要素都对企业的渠道权力应用行为有显著影响,但影响机制存在显著差异。这一研究发现丰富与拓展了传统二元分析范式下的渠道权力研究,对强化渠道关系嵌入机制作用的研究具有重要启发价值。

第四,基于现有研究对企业渠道权力来源这一基础性问题关注的不足,本书从社会资本理论的角度实证检验了企业的社会关系网络对其渠道权力的影响。实证研究发现企业的社会关系网络是产生其渠道权力的重要基础,这一点在强调关系(guanxi)的中国社会中具有突出意义。这一研究发现也丰富与拓展了传统渠道权力理论的研究,对渠道行为理论的本土化研究具有一定的启发价值。

第五,针对网络视角下对渠道网络结构测量操作的困难问题,本书的多案例定性研究结果表明,渠道边界人员观念中存在一个界限相对清晰的渠道网络框架,他们的管理决策是基于这个网络框架作出的。但渠道边界人员认知的渠道网络包括相互作用的组织间和跨组织人际间两个层面的网络,二者共同作用于其管理决策过程。这项研究一方面为从渠道边界人员感知角度测量渠道网络结构提供了依据,另一方面表明从网络视角对渠道行为进行分析,尤其是在中国文化情境中进行分析的复杂性和必要性。这一点对研究的本土现实相关性和营销理论创先都具有重要的启发价值。

第六,本书的所有实证研究都是以中国本土企业为样本,在中国市场环境下展开的,我们虽然并未刻意将中国本土社会文化要素纳入全部的实证研究,但仍然在中国的社会文化与市场情境中检验,并在某种程度上发展了传统渠道行为理论,这也进一步丰富并拓展了渠道行为理论。

2 理论背景与分析框架

2.1 渠道依赖、权力、冲突与合作

2.1.1 渠道依赖与相互依赖的结构

在渠道系统中,依赖被定义为一个渠道成员为了实现其所期望的目标而需要与其他成员保持合作关系的程度(Frazier,1983a)。根据 Emerson(1962)的经典命题,行动者 A 对行动者 B 的依赖与 A 对 B 所调节的目标的激发性投入(motivational investment)成正比,而与 A 从 A—B 关系以外实现该目标的可能性成反比。在这个命题中,"目标"是一个宽泛的概念,既包括行动者有意识地寻求的满足,也包括其无意在关系中所获得的报酬。Coughlan 等学者(2001)则将这个目标的内容称为"效用(价值、利益和满足感)",这就意味着,A 对 B 的依赖使前者能够从后者得到其所期望的效用,而 A 的这种期望则产生于 B 占有对 A 实现目标非常有价值的资源。而目标在 A—B 关系以外实现的"可能性"则指实现目标的替代途径,尤其指其他的社会关系。需要注意的是,在评价依赖关系时,与这种替代关系相关的成本必须考虑在内。当存在替代途径,而依赖者无法转向替代者,或转换需要花费相当大的成本时,A 将仍然保持着对 B 的依赖。在构成依赖的两个条件中,前者是 B 对 A 的目标实现的重要程度,B 对 A 实现目标的重要性和必要性越强,A 对 B 的依赖水平就越高;后者则包括是否存在 B 的替代者,以及 A 是否可以转向替代者两个基本条件,替代者的稀缺,或者存在替代者但 A 转换的成本过高都会导致 A 对 B 较高水平的依赖。综合以上两点,Coughlan 等学者(2001)将渠道中的依赖描述为"由替代来源的稀缺性造成并放大的效用"。较高的效用和替代的稀缺性是构成渠道依赖关系的两个不可缺少的要素。

对于由功能专业化的渠道成员所构成的渠道系统而言，依赖是相互的，即每一个渠道成员都在一定程度上依赖于其他渠道成员提供的资源实现既定的目标。由于渠道成员所占有和能够支配的资源的差异，渠道成员之间的相互依赖会呈现出不同的水平，即渠道关系中相互依赖的结构是存在差异的。相互依赖的结构可以从两个层面进行考察，即相互依赖的程度或关系中依赖的总量（magnitude of interdependence）和相对依赖水平或关系中依赖的不平衡程度（relative asymmetry）（Gundlach & Cadotte, 1994; Kumar, Scheer & Steenkamp, 1995）。相互依赖的程度，或称相互依赖的强度，是指渠道关系中依赖的总量，即 A 对 B 的依赖与 B 对 A 的依赖之和。较高水平的相互依赖将渠道成员的利益与其交易伙伴的利益紧密地联系了起来，这使得关系双方都致力于维系良好的合作关系以提高双方共同的绩效（Lawler & Bacharach, 1987）。

相对依赖或依赖关系的不平衡是指交换关系双方彼此依赖的差异，拥有较多依赖的一方在关系中就拥有了权力优势（Emerson, 1962; Gassenheimer & Ramsey, 1994）。关系中的相对依赖可能处于不同的水平，即权力优势一方可能是关系中的任何一方，也可能关系双方都不具有权力优势，双方的彼此依赖度相当。依赖—权力关系的平衡是相对依赖的一个特例，对于渠道关系而言，依赖的不平衡则是一种常态。实际上正是相对依赖在关系中建立起了明确的权力关系导致了关系中的"不平衡压力"，从而促进关系中的弱势者寻求权力的平衡运作（Emerson, 1962）。此外，相对依赖可能出现在不同水平的相互依赖的层面上，即两个特定的关系中可能存在相同的相对依赖水平，但两个关系中的总依赖水平可能存在较大的差异。这表明渠道相互依赖的两个维度是可以独立发生变化的，因而这两个维度对于全面理解渠道关系与渠道行为都是非常重要的。

2.1.2 渠道权力及其来源与应用

渠道权力是一个渠道成员对渠道内处于不同层次上的另一个渠道成员的营销战略决策变量施加控制的能力（El-Ansary & Stern, 1972）。而这种控制可以被称为权力的前提，是它与被影响者原来对其自身营销战略施加控制的水平之间存在区别。这个定义是为多数学者所认同的，在此概念中权力是一种改变其他渠道成员行为的能力，而这种能力是一种潜在状态，即拥有权力的渠道成员可能并不使用这种能力。因而,有学者认为应当区分实际应用的权力与没有应用的权力,没有应用的权力就是一种潜在的影响力,而实际应用的权力则指权力所指向行为的实际改变(Gaski,1984)。由于一个渠道成员的权力是一种潜在的能力,即使观察不到权力的应用,它也依然存在(Emerson,1962)。如 Brill(1992)所言,人们并不拥有权力,是人们通过在人际关系中所经历的动力机制而获得的感知赋予了他们权力,因而权力只有在被关系对方感受到时才有意义。由于渠道权力的这种潜在状态,因而其有效性就取决于其他渠道成员对其所拥有的权力是如何感知的,一个渠道成员所感知到的另一个渠道成员所拥有的权力已经足够影响其行为,而不必实际应用权力(Dapiran & Hogarth-Scott, 2003)。可见,渠道权力的这种潜在状态及其被感知的效果对于渠道成员之间的互动是非常关键的。

渠道权力的来源是指渠道权力赖以产生的源泉或基础。西方学者关于渠道权力的来源目前存在两种观点:一种观点认为渠道权力来自渠道成员的依赖;另一种观点则认为渠道权力来源于社会权力的基础——奖赏、强制、专长、合法性、认同与信息。前一种观点建立在社会交换理论的经典研究(Emerson,1962)的基础上,后一种观点则建立在社会心理学的经典研究(French & Raven, 1959)的基础上,而这两种观点在企业资源这一更深层次上实际上是统一的。

(1)来自依赖的权力。根据 Emerson(1962)的经典研究,权力存在于他人的依赖之中。如果 A 期望达到某个目标或获得某种满足,而这种目标或满足的实现有赖于 B 的适当的行为,则 A 就对 B 有所依赖,而 A 对 B 的依赖赋予了后者对前者的影响力。在社会关系中,A 对 B 的依赖主要原因在于 B 拥有 A 实现目标所必需的,而 A 又没有的重要资源。显然,这里资源的含义是广泛的,既包括各种有形资源,也包括诸如社会地位、声望等无形资源。Emerson(1962)认为 A 对 B 的依赖程度与 B 所占有的资源对 A 的目标实现的重要程度成正比,而与 A 从 A—B 关系以外获取该重要资源的可能性成反比。显然,资源的重要性和替代来源的稀缺是构成依赖关系,进而构成权力关系的两个重要条件。实际上依赖与权力的关系已经成为所有渠道权力研究者所共同接受的"公理"(Zhuang & Zhou, 2004)。

(2)来自权力基础的权力。这种观点认为渠道成员的权力来自在特定的时点上该渠道成员所拥有的权力基础(El-Ansary & Stern, 1972)。虽然渠道成员可以产生权力的基础是多元化的,但来自社会心理学者 French 和 Raven(1959)的社会权力基础的经典研究成为了营销学者们普遍接受的分析框架。根据该理论框架,渠道权力的基础包括以下几个方面:

① 奖赏(reward)。来自奖赏的权力是指某个渠道成员通过向其他渠道成员提供某种利益而对其产生的权力。奖赏权的有效行使取决于渠道权力主体拥有权力客体认可的资源,以及权力客体的一种信念,即它如果遵从权力主体的要求,就会获得某些报酬。①

② 强制(coercion)。来源于强制的权力是指某个渠道成员通过行使某种强制性的措施而对其他渠道成员产生影响的权力。强制权行使的前提是渠道权力客体如果没有遵从权力主体的要求就会遭受某种惩罚的心理预期。强制与奖赏有着相似的基础,它们都是来源于权力客体的主观感受。权力主体给予奖赏与惩罚的能力并不要求一定是客观的,关键在于权力客体的感受与认知。从这个角度来看,撤销原来给予的奖赏,或者取消权力客体正常期望获得的东西也是具有一定的强制性的。

③ 专长(expertness)。来自专长的权力是指某个渠道成员通过某种专业知识而产生的对其他渠道成员的影响力,而这种专业知识的存在方式同样在于权力客体的感知。在特定的专业领域内,权力主体所具有专长权力的强度是由权力客体感受到的前者拥有的专业知识的程度所决定的,但这种判断有时并不是客观的标准,只是后者的主观感受而已(French & Rave,1959)。基于专业知识的专长权在渠道组织中居于劳动分工、专业化和比较优势的核心地位(Coughlan, et al., 2001),正是这种专业分工使得渠道系统内的每一个成员都具有一定的专长权。专长权力的持久性是区别于其他权力的一个重要特征,基于某种专业知识的权力的存在有时可能只存在于渠道成员互动行为的有限期间内,也可能持久的存在,这主要取决于专业知识的性质。如果通过互动行为,权力客体通过学习能够自我提供原来依靠权力主体提供的专业知识,那么后者的专长权力在互动以后就失效了(Etgar, 1978)。因此,权力主体的专长权是与其所拥有的专业知识的可转移性和可替换性直接相关的。

---

① 权力主体指的是渠道关系中使用渠道权力实施影响的渠道成员,而权力客体则指的是接受权力主体影响的渠道成员。

④ 合法性(legitimacy)。来自合法性的权力是指某个渠道成员通过渠道系统中的权利与义务关系而产生的对其他渠道成员的影响力。合法权力的重要特点是渠道权力客体感到从道德、社会或者法律的角度出发,他都应该同权力主体保持一致,或者他有义务去遵从权力主体的要求。这种责任感和职责感有两种来源——法律和规范或者价值观。前者产生了法律上的合法权;后者产生了传统的合法权(Coughlan, et al., 2001; Kasulis & Spekman, 1980)。前者如商法体系赋予特许经营系统中特许权的拥有者对受许者的权力;后者如传统上一般认为制造商拥有管理整个渠道系统的权利,但随着渠道系统的演化,这种传统的规范或价值观也在发生变化。

⑤ 认同(identification)。来源于认同的权力是指某个渠道成员作为其他渠道成员参照与认同的对象而对他们产生的影响力。来源于参照与认同的感召权本质上是渠道权力客体对权力主体的一种心理认同,这种权力的深层来源是权力主体的声望与地位。在渠道系统中,很难将这种认同权力从其他权力中区分出来,它往往是伴随着其他权力的行使而存在。

⑥ 信息(information)。拥有某种对于其他渠道成员非常关键的信息也是产生权力的重要基础。一个渠道成员可以通过为其他渠道成员收集、解释与传递有价值的市场信息而获得相当的权力,有学者将其独立为权力的信息来源(Raven, 1993)。对于某个渠道成员而言,关键信息的缺失和不完全是一种非常不利的不确定性状态,而拥有收集、解释与传递这些关键信息能力的渠道成员实际上是在扮演一个前者所面临的不确定性的吸收者的角色,这使得前者对后者的依赖会有所增加,从而会强化后者的影响力。也有学者将信息权力基础直接归入其他几种权力基础的范畴(Gaski, 1986; Dapiran & Hogarth-Scott, 2003)。

从企业资源基础理论(resource-based view, RBV)的视角来看,企业不过是在一个管理框架下联结在一起的各种生产性资源的组合(Fahy & Smithee, 1999; Wernerfelt, 1984),这些资源既包括有形资源(厂房、设备、土地等)和无形资源(品牌、企业声誉、专业知识、信息等),也包括运营各种资源的能力(Fahy & Smithee, 1999)。这里的能力应当是难以模仿、能够持续发展的核心能力。从发展的角度来看,这种能力不仅包括有效运营各种资源的能力,还应当包括如何识别关键资源和获取关键资源的能力。从这个视角来看,上述两种渠道权力的基础实际上是统一的;从静态视角来看,两种观点统一于企业所拥有的资源;从动态视角来看,两种观点则统一于企业获取资源和运营资源的能力。

首先,从静态的视角来看,根据资源依赖理论的观点,任何一个企业都不能自给其所需的全部资源,因而一个渠道成员对某种资源的依赖实际上反映了该成员对拥有这种资源的渠道成员的依赖(Zhuang & Zhou,2004);而渠道成员所拥有的资源则可能被整合和生成各种不同的能力——对渠道成员进行奖赏、惩罚的能力,为其提供专业知识的能力,形成并向其展示该成员所拥有的声誉与形象的能力等。正如Stern等学者(2000)所言:"权力实际上是通过占有和掌握对方认为重要的资源所获得的。这些资源是在相互关系中能够产生和代表每个渠道成员的依赖、信任和对他人忠诚的那些资产、特性和条件。"正是企业所占有的资源的量与质的差异导致了渠道成员之间不同水平的依赖,从而产生了不同的权力关系。

其次,从动态的视角和发展的角度来看,渠道成员积累他们认为重要的资源是形成权力的"基础"(Stern, et al., 2000),因此,渠道成员可以对特定的资源进行投资,以获得产生渠道权力的源泉。但由于不同类型的资源产生权力的基础与能力是存在差异的,因此,企业需要具备的第一种能力就是识别关键资源和获取关键资源的能力。然而,并不是占有资源就能够产生有效的渠道权力,渠道成员必须将这些资源有效地转化为自己的核心能力,才能对其他渠道成员产生持续的影响力。因此,企业需要具有的第二种能力是将获取的资源转化成具有持续性和难以模仿的核心能力的能力。

无论渠道成员所拥有的权力有多大,它都可以以不同的方式来应用权力。在渠道权力理论的研究中,关于渠道权力的应用有两种不同的概念化方法:一些学者将权力的应用视同为应用权力的基础,根据社会权力的基础理论,把渠道权力的应用分为奖赏权、强制权、合法权、认同权、专家权以及信息权等(如Gaski & Nevin, 1985; Ramaseshan, Yap & Pae, 2006);另外一些学者则将权力的应用看成是实施影响战略,如信息交换、建议、许诺、要求、合法抗辩以及威胁等(如Frazier & Summers, 1986; Frazier & Rody, 1991; Payan & McFarland, 2005)。在实证研究中,出于操作化的考虑,权力的应用一般被分为应用强制性权力与非强制性权力两种基本形式。

2.1.3 渠道冲突与合作

渠道冲突(channel conflict)是一个渠道成员正在阻挠或干扰另一个渠道成员实现自己的目标或有效运作的状态(Bradford, et al., 2004)。渠道冲突根源于功能专业化基础上的相互依赖的渠道关系,相互独立的渠道成员既追求各自的目标,又要相互配合才能实现各自的目标,很多时候渠道成员各自的目标往往难以与渠道整体目标兼容,这是产生渠道冲突的结构性根源(Etgar, 1979)。在渠道关系维持过程中,渠道冲突是一个过程,而处于不同阶段的渠道冲突对渠道行为和绩效的影响也会有所不同(Rosenbloom, 1973)。学者们一般认为完全没有冲突的渠道未必一定是高效率的渠道,而冲突水平过高也会对渠道绩效产生负面影响,但如果将渠道冲突控制在一定范围之内,就可能会对渠道绩效产生积极影响(Rosenbloom, 1973; Koza & Dant, 2007)。导致渠道冲突的原因是多方面的,包括角色界定不清、感知差异、期望误差、决策领域分歧、目标不一致及沟通障碍等,在渠道行为理论中,权力的应用是渠道冲突的重要前因(Gaski, 1984)。

渠道合作(channel cooperation)指渠道成员为了共同及各自的目标而采取的互利性行动(Zhuang, et al., 2010)。渠道合作体现了渠道成员之间积极的互动行为,在非一体化营销渠道结构中,渠道成员之间在功能上的相互依赖,使得渠道成员之间的合作成为了影响营销渠道绩效的基础行为变量(Stern & Reve, 1980)。在渠道行为理论研究早期的一些理论文献中,学者们大多强调了渠道合作对于提升渠道绩效的重要性(如 Robicheaux & El-Ansary, 1975; Stern & Reve, 1980)。渠道合作与渠道权力、冲突等行为变量间存在着复杂的相互影响关系,Stern 和 Reve(1980)认为渠道关系中合作水平的高低受到权力结构的影响,在权力结构相对平衡的渠道关系中合作水平较高。Frazier(1983b)认为合作与冲突是负相关的,尤其是显性冲突。因此,那些能够降低冲突水平的行为(如目标的兼容性、满意及非强制性地应用权力)都能够提高关系内的合作水平。而高水平的合作也会降低使用权力的意愿,避免使用强制性权力,提高渠道成员感知到的目标一致性和满意水平,进而降低关系内的冲突水平。实证研究表明,非强制性权力的应用可以显著地促进合作(Dwyer, 1980; Sibley & Michie, 1982;

Skinner, Gassenheimer & Kelley, 1992；庄贵军,周筱莲,2002；庄贵军等,2007；Zhuang, et al., 2010)；强制性权力的应用则会显著降低合作水平(Skinner, et al., 1992；庄贵军,周筱莲,2002；庄贵军等,2007；Zhuang, et al., 2010)；冲突也对合作有显著负向影响(Skinner, et al., 1992；庄贵军等,2007；Zhuang, et al., 2010)。合作作为前因变量可以显著提升渠道成员的满意(Skinner, et al., 1992)、信任(Anderson & Narus, 1990)及渠道绩效水平(Skinner, et al., 1992)。

2.2 社会网络嵌入

社会网络是社会行动者及其相互之间关系的集合(Brass, et al., 2004)。社会网络的基本构成要素是结点(nodes)和联系(connections)。作为一种一般的社会学理论,社会网络可以灵活地应用于各种行为主体(如个人、群体、组织等)和各种类型的关系(Contractor, Wasserman & Faust, 2006)。通过把社会看作是一个连接组织和个人的、关系交错的"网络"结构,社会网络理论认为社会行动者的行为可以通过分析该行动者在他们所处的网络和关系中的地位来理解和研究。社会网络理论之所以具有如此的吸引力,是由于它提供了一个与传统组织与管理研究不同的视角和严谨、定量的研究方法(Galaskiewicz, 2007)。社会网络范式与传统研究范式的最大不同就在于前者把研究的重点集中在行动者(actor)(个人、群体、组织)之间的关系及其嵌入其中的网络上,而不再仅仅关注行动者的属性,认为行动者在网络中的位置、网络的结构以及行动者所具有的社会关系背景决定了行动者的行为,而不是行动者的个体属性决定了其行为(Granovetter, 1985, 1992; Brass, et al., 2004)。虽然社会网络理论的发展有着不同的路径和理论传统(Kilduff & Tsai, 2003; Freeman, 2004),但社会网络理论学者仍然共同遵循着一些基本的观点和方法,Wellman(1988)将其归纳为以下五个方面:第一,对行为的解释由个体属性转向限制行为主体的网络特征。社会网络分析不强调研究个体属性而是强调研究行为所属的社会关系。第二,社会网络分析关注的是不同行为主体之间的关系而不是将关系还原为其内在属性和本质特征,认为解释行为主体如何行为的规则来自于社会关系结构体系中的位置而非动机。第三,社会网络结构决定二元关系(dyadic relationship)的运作。以往在研究二元关系的时候,研究者往往只限于研究关系,而较少考虑网络中其他关系对于该二元关系的影响,以及多个二元关系之间的互动。社会网络作为二元关系发展的背景而存在,并且对二元关系发展过程中的资源配置产生了重要影响。第四,世界是由网络而非群体构成的。但网络分析不排斥群体,因为群体不过是有严格限制与紧密联系的社会网络。第五,网络方法取代和补充个体方法。社会网络分析方法是一种将关系作为基本统计处理单位而非将个体作为一个独立的统计单位的研究方法,矩阵方法与数学模型的广泛运用以及对于关系的处理成为社会网络分析方法统计处理的一大特色。

社会网络嵌入指的是社会关系影响经济行为的过程(Granovetter,1985),社会网络理论对行为的解释由行为主体的属性转向行为主体间的关系,从相互独立的行为主体转向行为主体间相互联系所塑造的网络结构特征,认为嵌入在网络中的主体行为既受到其所在的二元关系内容与性质的影响,也受到其所在的更大范围网络的结构及其网络中的位置的影响。社会网络理论将上述两种影响机制分别称为关系嵌入与结构嵌入(Granovetter,1992)。源于结构主义传统的社会网络理论更为关注网络结构的影响,而对关系嵌入影响机制的关注则相对薄弱(Barden & Mitchell,2007)。由于社会网络结构本身并没有内容,缺少了内容的社会网络也就无从解释什么样的社会关系可能对企业的行为产生什么样的影响(Uzzi,1996),因此结构嵌入的影响很大程度上有赖于二元关系的内容与性质,这使得关系嵌入成为理解网络结构对企业行为影响的一个重要起点(Barden & Mitchell,2007)。关系嵌入观点强调网络成员间直接、紧密的联系,这种联系创造了关系内高水平的相互信任、精密的信息传递和共同解决问题的机制。Uzzi(1996)将企业间这种紧密的关系称为嵌入性关系,将其与遵循市场规则的市场交易关系相对应,并且认为市场关系与嵌入关系最大的区别在于前者是建立在非人格化的市场机制基础上的,而后者则建立在人格化的社会关系的基础上。因此,关系嵌入观点认为拥有紧密关系的行动者可以通过在紧密的社会化关系中交换观点而发展出对双方行为结果的共同理解和认识,进而影响他们的行为。作为社会网络理论的一个核心概念(Dacin,Ventresca & Beal,1999;Kilduff,Tsai & Hanke,2006),嵌入理论奠定了很多社会网络理论的基础(Kilduff & Tsai,2003),如影响力巨大的社会资本(social capital)理论(Coleman,

1990；Nahapiet & Ghoshal，1998)、结构洞(structural hole)理论(Burt，1992)、关系强度(tie strength)理论(Granovetter，1973)都体现或包含了网络嵌入的上述两个维度。因而，嵌入理论构成了社会网络理论对行动者行为的一种重要解释机制(Borgatti & Foster，2003)。

2.3 社会资本

社会资本(social capital)是嵌入社会结构中的可以在有目的的行动中使用的资源(Lin，1999)，其核心思想是关系网络对个人或组织而言是有价值的资源(也就是资本)。在社会资本被引入管理学领域之初，学者们多是关注个体通过发展社会关系和网络所获得的资源如何影响其行为(如 Belliveau，O'Reilly & Wade，1996)，但学者们逐渐注意到个体的社会关系和网络也会对组织产生一定影响，如企业高管的社会资本可以为组织带来收益(Acquaah，2007)，因此，社会资本在管理学中的应用被逐渐拓展到组织层面。由于企业的经济行动都嵌入在更大的社会背景中，并且任何企业都不可能拥有自身发展所需的所有资源，而必须通过与其他组织建立联系，并交换有价值的资源才能生存并发展下去，因此，企业可以被看作有目的的社会行动者，所以社会资本概念被引入企业层面的研究中就自然成为理论拓展的基本方向(Koka & Prescott，2002)。

社会资本概念有着丰富的内涵和外延，包含着不同的形式和分析层次。Nahapiet 和 Ghoshal(1998)认为，社会资本是嵌入个体或社会单位(social unit)的关系网络内，并通过这个网络获得的实际和潜在资源的总和。同时，他们从结构(structural)、关系(relational)和认知(cognitive)三个维度对社会资本进行了考察，这为组织层面的社会资本研究提供了一定的理论基础，也提供了研究操作的便利性。显然，这三个维度是高度相关的(Tsai & Ghoshal，1998)，尤其是结构维度和关系维度，这两个维度分别是以结构嵌入和关系嵌入理论为基础的。其中，结构嵌入是指社会系统和整体社会网络的性质，因此，结构维度是指行动者之间联系的整体形式，这一维度着眼于有无网络联系、网络的结构和形态等。关系嵌入是指人们通过交易历史所建立的关系的类型，企业间关系代表了社会资本的原因之一是企业间通过互动建立起以互惠和平等的规范为基础的责任和期望(Koka & Prescott,2002)。因此,关系维度是指通过关系创造并受关系影响的资产,这一维度着眼于信任与可信性、规范与制裁、责任与期望、身份与认同等。

企业的社会资本是通过行动者的社会关系获得可见的、实际的并促成目标实现的资源(Lee, Lee & Pennings, 2001)。组织层面的社会资本可以分为两个方面:组织内(intra-organizational)社会资本和组织间(inter-organizational)社会资本。正如Leana等(2006)所言,在组织层面,社会资本既是组织成员之间关系的总和(Maurer & Ebers,2006),也是组织与外部利益相关者、竞争者或者伙伴之间的联系总和。关于组织内社会资本,Leana等(1999)认为,组织的社会资本是反映企业内社会关系特征的资源。Koka等(2002)认为企业间关系代表了社会资本,因为企业之间通过互动建立起以互惠和平等的规范为基础的责任和期望,为企业从这些关系中获取资源提供了便捷的途径。Chung等(2000)认为,一个企业的社会资本是与外部相关方存在潜在收益的关系。与上述观点类似,Zahra(2010)认为组织的社会资本是企业从与其他企业的关系中得到的信誉和资源。在多样的社会资本概念中,有两点共同因素(杜楠,张闯,2011):一是社会资本源于网络行动者之间的关系结构;二是行动者有能力得到网络或社会结构收益。

综上所述,组织层面的社会资本包含组织内和组织间社会资本两个方面。首先,组织内社会资本是蕴含在组织内个人与个人、部门与部门或个人与部门之间关系当中的资源,这种资源有利于个人与个人、部门与部门或个人与部门之间信息交流、技术共享,从而促进组织目标实现。其次,组织间社会资本则由两部分构成:一部分是蕴含在组织与其他组织之间社会关系中的资源,这一部分完全体现了组织间关系的特征;另一部分是蕴含在组织内个人(尤指边界人员或高管人员)或部门与其他组织的社会关系中的资源。这本来是属于组织内个人或部门的社会资本,但当它能为企业或组织带来利益的时候,就成为组织层面社会资本的一部分,因此,这一部分体现了个人或部门的社会联系对组织的影响。

2.4 分析框架与实证研究的内容

本书的整体分析框架如图 2-1 所示,此框架包括一项定性研究和四项实证研究。

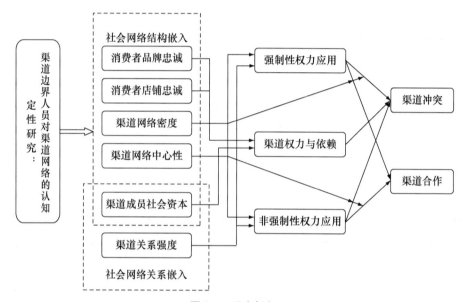

图 2-1 研究框架

定性研究见第 3 章"营销渠道边界人员对渠道网络的认知:一项探索性研究"。本章以社会网络理论和 IMP 集团的网络图景理论为基础,研究目的有两个方面:一方面,通过多案例定性研究了解渠道边界人员对渠道网络的认知情况、认知途径以及认知网络对渠道行为的影响机制。主要回答以下四个问题:渠道边界人员头脑中存在网络观念吗?如果存在网络观念,渠道边界人员认知的渠道网络是什么形态的?渠道边界人员如何实现对渠道网络的认知?以及渠道边界人员认知的网络结构如何影响渠道成员的行为?另一方面,通过对上述四个问题的回答,为后续实证研究,尤其是涉及对渠道网络结构变量进行操作化测量的实证研究提供依据。

在定性探索性研究的基础上,本书的核心内容是四项实证研究:

实证研究一见第4章"渠道权力应用、冲突与合作:渠道网络结构嵌入的影响"。此研究将衡量渠道网络结构的两个重要变量——网络密度(network density)和渠道成员的网络中心性(network centrality)引入渠道权力理论研究框架,主要回答以下两个问题:渠道网络密度和渠道成员的网络中心性对企业应用渠道权力的方式有何影响?渠道网络结构变量是否会放大或缓冲渠道权力应用对渠道冲突与合作的影响,即渠道网络结构变量的调节作用?

实证研究二见第5章"渠道关系强度对渠道权力应用的影响:渠道关系嵌入的视角"。此研究将主要采用社会网络关系嵌入的视角,将社会网络理论中的另一个重要变量——关系强度引入渠道权力理论研究框架,主要回答的问题是:渠道关系强度会对企业应用渠道权力产生怎样的影响?渠道关系强度的不同维度(行为与情感要素)对企业应用渠道权力的方式是否会有不同影响?

实证研究三见第6章"企业社会资本对渠道权力与依赖的影响"。此研究将主要以社会资本理论为基础,将社会资本变量引入渠道权力理论研究框架,主要回答的问题是:企业的社会资本是否是其渠道权力的来源?在中国文化情境下,企业的社会资本对渠道权力与渠道依赖的影响是怎样的作用关系?

实证研究四见第7章"消费者品牌忠诚和店铺忠诚对零供关系中依赖结构的影响:三元关系视角"。此研究也将采用社会网络结构嵌入的视角,将消费者行为纳入渠道依赖理论分析框架,但与实证研究一关注整体渠道网络结构不同,此研究将把传统的二元关系(零售商—供应商关系)拓展成为消费者—零售商—供应商这一三元关系,重点要回答的问题是:消费者的品牌忠诚和店铺忠诚行为对零售商—供应商关系中的依赖结构产生了怎样的影响?

四个实证研究所涉及的变量、社会网络理论基础,以及拟主要回答的问题和理论贡献如表2-1所示。由于上述四项实证研究涉及不同的社会网络变量,也涉及不同的测量方法和实证研究设计,所以各项实证研究的方法我们将在后续章节中针对每一项实证研究具体说明。与此同时,由于四项实证研究都涉及相同的结果变量——权力应用方式、冲突与合作,为了保持各项实证研究内容的相对完整性,第4—7章的内容将不可避免地有些论证与文字上的重复,我们将对重复性的实证研究内容不作删减,而尽量减少重复的文字内容。

表 2-1　实证研究内容概要一览表

研究与章节	社会网络变量	渠道行为变量	研究问题	理论基础	主要理论贡献
研究一（第4章）	网络密度、成员网络中心性	渠道权力应用、冲突、合作	渠道网络结构对企业应用渠道权力有何影响？渠道网络结构如何调节权力应用与冲突、合作的关系？	社会网络结构嵌入理论	突破二元分析范式实证检验渠道网络结构对渠道权力应用方式的影响及对权力应用结果的调节作用
研究二（第5章）	关系强度	渠道权力应用、冲突、合作	渠道关系强度对权力应用有何影响？渠道关系强度的不同维度对权力应用方式的影响有何差异？	关系嵌入理论、关系强度理论	渠道关系强度的行为与情感要素对渠道权力应用存在不同的影响机制
研究三（第6章）	社会资本	渠道权力、渠道依赖	企业的社会资本如何影响企业的权力与渠道伙伴的依赖？	社会资本理论	社会资本是渠道权力的来源
研究四（第7章）		渠道依赖、冲突（自变量为消费者品牌忠诚、店铺忠诚）	消费者品牌与店铺忠诚行为对零售商—供应商关系中依赖结构产生了怎样的影响？	社会网络结构嵌入理论、品牌与店铺忠诚理论	将消费者行为纳入渠道依赖研究，突破了二元分析范式；消费者品牌忠诚行为对零售商依赖、消费者店铺忠诚行为对供应商依赖均有显著影响

3 营销渠道边界人员对渠道网络的认知:一项探索性研究

3.1 引 言

虽然营销渠道的结构是网络化的(Anderson, et al., 1994),但传统渠道行为理论研究一直都遵循二元分析范式(dyadic analysis),即将由两个渠道成员构成的二元渠道关系作为基本的分析单位,而不考虑渠道网络背景的影响(Achrol, et al., 1983; Antia & Frazier, 2001;张闯,2008c)。显然,任何一个二元渠道关系都是嵌入在渠道网络中的,将某个二元关系从其嵌入的网络背景中隔离出来进行研究不仅不足以解释渠道结构的网络化本质(张闯,2008c),还很容易陷入 Granovetter(1992)所称的"二元原子化(dyadic atomization)"的陷阱。基于此,20 世纪 90 年代以来,许多学者倡导突破二元分析范式,对渠道行为进行网络分析,以更加全面地理解渠道行为现象和问题(Anderson, et al.,1994; Achrol,1997; Achrol & Kotler, 1999; Antia & Frazier, 2001; Van den Bulte & Wuyts, 2007)。在寻求对渠道行为进行网络分析的探索过程中,社会网络分析(Social Network Analysis, SNA)以其对网络结构的定量化测量和成熟的分析技术得到了很多学者的关注(Antia & Frazier, 2001; Van den Bulte & Wuyts, 2007; Swaminathan & Moorman, 2009),并被认为与渠道研究具有"天生的匹配性(natural fit)"(Van den Bulte & Wuyts, 2007)。在将社会网络分析应用于渠道行为研究过程中,学者们面临着一系列挑战,其中最为关键的问题就是由于渠道网络不存在明确的边界,从而使得网络结构变量的测量无法操作(Anderson, et al., 1994; Prenkert & Hallén, 2006;张闯,2011)。虽然 Antia 和 Frazier(2001)基于传统渠道行为理论的操作方式从渠道成员感知的角度开发了测量两个关键网络结构变量(网络密度和中心性)的量表,但近十年来很少有学者跟进展开研究,而陆续出现的少数相关研究都遵循了传统社会网络分析的测量方法——基于客观网络结构来测量网络结构变量(如 Swaminathan & Moorman,2009)。这种差异似乎表明,由于社会网络分析强调客观网络结构对行为的影响(Kilduff & Tsai,2003),而网络成员对网络结构主观感知的测量方法似乎与社会网络分析的学术传统相背离,因而无法得到广泛的认同。

实际上,网络边界的确定一直是社会网络分析中最具挑战性的问题之一(Laumann,Marsden & Prensky,1989),与这一问题紧密相关的就是实证研究中对网络结构变量的测量方法。Marsden(1990,2005)指出社会网络研究设计的一个核心问题是,研究者要测量的是实际存在的社会关系,还是参与这些社会关系的行动者感知到的社会关系(认知网络,cognitive network)。虽然传统的社会网络研究采用的是客观主义(objectivist)的观点,即强调客观的社会网络对行动者行为的影响与限制,但 Marsden 认为应当根据研究要解释的因变量而采用不同的概念与测量方法。客观主义方法在某些涉及扩散过程(diffusion processes)的研究中是比较适合的,而认知网络方法则更加适用于对态度或观点社会影响的研究。与 Marsden(1990,2005)的这种观点类似,近年来 IMP(industrial marketing and purchasing)集团的一些学者在企业网络(business network)研究领域基于社会建构主义(social constructionist)观点提出了网络图景理论(network picture theory),该理论的核心观点是:由于人的有限理性和企业间交易网络的无限延展,企业管理者不可能对网络的真实结构有准确的认知,他们的管理决策都是基于其对网络结构的感知(即网络图景)作出的,这意味着我们没有必要搞清楚网络真正的结构如何。

上述理论观点似乎为我们从主观感知角度测量网络结构变量提供了依据,遵循这种方法至少使得在网络边界无法确定的情况下对网络结构变量的影响进行研究成为一种可能。即使如此,我们在进行研究设计时仍有一些关键的问题需要解决:如果从渠道成员感知的角度来测量网络结构,那么渠道成员的头脑中是否存在网络观念?渠道成员所认知的网络结构都包括哪些关键的渠道成员?渠道成员是如何认知他们身处其中的渠道网络的?渠道成员如何根据他们所认知的渠道网络进行决策并采取行动?可见,只有搞清楚了这些基本问题,才能保证实证研究的质量。鉴于现有文献尚没有研究关注这些基本的问题,本研究尝试通过探索性的多案例研究来对上述问题作出基本的回答,以启发后续从网络角度分析渠道行为的研究。

3.2 营销渠道网络与网络认知:社会网络理论与网络图景理论

从网络的视角对营销渠道行为进行研究主要涉及两个不同的网络理论——社会网络理论与 IMP 集团的企业网络理论。对于营销渠道研究而言,社会网络理论是在 20 世纪 90 年代被引入渠道研究领域的社会学理论,而 IMP 集团的企业网络理论虽然建立在社会交换理论,尤其是交换网络理论(Cook & Emerson,1978)的基础上,但却是营销学领域,尤其是 B2B 营销领域内生的理论。社会网络理论强调定量地刻画网络的结构特征,并在此基础上探讨网络结构对网络成员态度与行为的影响,测量方法与分析工具都已经比较成熟(Wasserman & Faust, 1994);相比之下,企业网络研究更偏重定性的案例研究,注重对网络结构形成与演化的描述(Ford & Håkansson, 2006)。尽管存在许多差别,二者共同关注的一个问题是网络结构如何影响了网络中企业的行为,对渠道行为的网络分析正是在这一点上找到了交叉点。

3.2.1 社会网络理论与网络认知

社会网络是社会行动者(actor)及其相互之间关系的集合(Brass, et al., 2004)。社会网络分析可以灵活地应用于各种行为主体(如个人、群体、组织等)和各种类型的关系所构成的网络(Contractor, et al., 2006)。社会网络分析与传统研究范式的最大不同就在于前者把研究的重点集中在行动者(个人、群体、组织)之间关系及其嵌入其中的网络上,而不再仅仅关注行动者的属性,认为行动者在网络中的位置、网络的结构及其所在的社会关系背景决定了其行为,而不是行动者的个体属性决定了其行为(Granovetter, 1985; Brass, et al., 2004)。可见,社会网络分析不强调研究个体属性而是强调研究行为所属的社会关系,认为解释行为主体如何行为的规则来自于社会关系结构体系中的位置而非行动者的动机。社会网络分析虽然也将二元关系作为基本的分析单位,但却强调社会网络作为二元关系发展的背景而存在,社会网络结构决定二元关系的运作(Wellman,1988)。社会网络理论更为强调客观的网络结构对行动主体态度与行为的影响,因而也发展出了一整套用来定量地刻画网络结构并进行分析的方法和工具。要对网络结构进行准确测量的重要前提是网络的边界可以确定,然而,如何确定如同营销渠道这样的组织间网络的边界始终是社会网络分析要面临的一项重要挑战(Laumann, et al., 1989;张闯,2011),并且很多时候即使确定了网络的边界,为了完成网络结构测量收集所需要的数据成了另一项难以完成的任务(Marsden, 2005)。

对于过度强调网络结构的社会网络理论,Salancik(1995)曾指出社会网络分析纠正了组织理论中"只见树木不见森林"的倾向,但社会网络分析"只见森林不见树木"的倾向同样也很危险。Kilduff 和 Krackhardt(1994)也认为传统社会网络分析对网络结构的过分强调使得个体的社会心理过程被忽视了,因而应该"还原个体的作用(bring the individual back in)"。将个体社会心理过程还原的一个重要尝试就是 Krackhardt(1987)等学者发展的认知社会结构理论(cognitive social structure),强调主体认知在社会网络分析中的重要作用。社会网络认知结构视角(cognitive-structural perspective)认为行动者对既定网络结构的感知会对其态度和行为产生超出网络真实结构的影响(Kilduff & Krackhardt, 1994)。然而到底是真实的网络影响更大,还是认知的网络影响更大,现有研究却没有给出一致性的结论(Krackhardt, 1990;Kilduff & Krackhardt, 1994)。并且认知社会结构理论由于要在认知网络结构和真实网络结构之间比较,其测量方法具有非常大的局限性,只在小规模网络内具有可操作性(Casciaro, Carley, Krackhardt, 1999;Kilduff, Crossland, Tsai & Krackhardt, 2008)。尽管如此,认知社会结构的研究至少表明网络成员的认知网络结构对网络结构同样具有一定的解释能力。而根据 Marsden(1990)的观点,对认知网络结构和真实网络结构的强调取决于研究要解释的对象,认知网络结构更适用于对态度和行为变量的解释,这一点与渠道行为理论有着非常高的一致性。

3.2.2 企业网络理论与网络认知

在"任何企业都不是孤岛(no business is an island)"(Håkansson & Snehota, 1989)这一核心思想的驱动下,IMP集团的研究传统是将市场看成是由相互依赖的交换关系构成的网络(Henneberg, Naudé & Mouzas, 2010),因而关系和网络是IMP理论的核心,扎根于社会交换理论中的网络方法构成了一个可以替代传统营销观念来建构理论的思想或观念(Henneberg, Mouzas &Naudé, 2006)。在IMP集团企业网络理论中,企业网络被定义为一组两个或更多相互联结的企业间交换关系(Anderson, et al., 1994)。作为一种营销管理理论,企业网络理论强调企业为了更好地获得和利用网络中的资源应对网络施加相应的影响和管理,以获得更好的长期绩效(Ford & Redwood, 2005)。在理解企业网络的研究传统中,IMP集团有两种主要的方法(Geiger & Finch, 2010):一种方法是研究者以鸟瞰的角度来描绘企业网络,这种描绘主要是通过绘制网络图来表达的,并且主要用于解释网络的历史演变;另一种方法则从网络中管理者感知的视角来探寻网络参与者感知到的企业间关系与互动行为。从企业管理者感知的角度来理解网络被称为产业营销研究中的"认知转向(cognitive turn)",这种研究视角对传统客观主义方法(objectivist approach)提出了严峻的挑战,因为在后者的视野中,一个"客观"的网络是不存在的,网络的结构特征,以及在此基础上企业的战略决策都源于企业管理者的感知,而企业管理者感知到的网络就被称为网络图景(Henneberg, et al., 2006; Geiger & Finch, 2010; Ramos & Ford, 2011)。

网络图景观念在IMP集团的文献中自20世纪80年代末就出现了,其生成的基础是行动者关于其所处的网络的知识是有限的,这不仅由于网络是无限延展的,还由于网络中的关系联结都是无形的。正是由于网络通过直接或间接的联结无限制地延展,从根本上来说,网络是不存在边界的,任何关于网络边界的界定都只能是主观的或感知的。从管理的角度来看,企业管理者决策的基础只能是其认识到的有限的网络视野(network horizon),而不可能是客观的网络。Henneberg、Mouzas 和 Naudé(2006)遵循社会建构主义认识论(social constructionist epistemology)总结了网络图景理论文献,认为网络图景是建立在行为主体对他们的公司所在的网络构成特点的主观的、独特的意会(sense-making)。这种感知的网络图景构成了企业经理对网络中的关系、互动与相互依赖理解的支柱,因而构成了他们个人决策过程的重要部分。从这个角度来看,网络并没有"客观"的特性,网络的这些特性不过是参与者的信念和解释。因此,对网络性质的"客观"理解可能并没有必要,因为管理者的态度、心理图式(mental schemata)、信念和行动主要都是围绕着管理者对网络特性的"主观"理解作出的。鉴于网络图景的这种主观性质,网络图景只是个人意会的结果,它们不是客观既定的,而是社会建构的(socially constructed),是对网络情境有限制的个人解释。网络图景理论这一"优雅的侧步"(网络只是管理者想象的样子)使得研究者可以采用主观相对主义(subjective relativism)的方式来描绘网络的特征(Henneberg, et al., 2006)。

可见,从感知的角度来理解企业网络是 IMP 集团研究的一个重要传统和方向,这一领域的学者们正在发展日益完善并具有坚实哲学基础的理论体系。尽管如此,由于 IMP 集团的研究传统中更多强调对企业网络结构的定性描述,这表现为该研究领域推崇的案例研究方法,而在对网络结构定量刻画方面存在许多不足。在对企业网络结构进行定量测量方面,将 IMP 集团的认知哲学和理论基础与社会网络理论的定量方法结合起来,很可能在两种网络理论之间找到一个交叉点或平衡点,并将其用于渠道行为的网络分析。

3.3 研 究 方 法

3.3.1 样本与访谈大纲

为了更好地回答本章的研究问题,并提高研究的效度,我们首先确定从渠道中的制造商、批发商和零售商三个主要渠道主体中抽取样本,这样做是基于以下两点原因:一是不同的渠道主体由于承担的渠道功能、在渠道中的互动对象等方面均存在比较大的差异,而这种差异可能会影响到不同渠道边界人员的感知(Leek & Mason, 2009; 2010),因此同时从三种渠道主体收集数据为我们提供了交叉对比的机会,这对于采取不同研究立场(站在不同渠道主体的角度)展开渠道行为研究的研究者来说无疑更具有启发意义。二是将渠道上下游成员同时纳入研究范围符合数据交叉印证的原则(殷,2004)。我们通过有意识地选择产品类型和零售业态,可以将渠道上下游的合作企业进行某种程度的匹配,从而可以将不同来源的数据进行交叉印证,以提高研究的建构效度(殷,2004)。其次,在每种类型的渠道主体中,我们在抽取样本时尽量考虑在产品类型(如消费品与工业品)、零售业态(如百货商店与超市),以及所有制结构(如中资企业与外资企业)等方面有充分的差异,以提高研究的外部效度(殷,2004)。

根据本章研究的问题,我们拟采用一对一深度访谈的方法来获取详细、充分的数据。由于一对一的深度访谈需要受访者较高水平的配合和投入才能取得较好的效果,因而我们在抽取样本时主要采用了便利抽样方法,以获得研究样本充分的支持。同时在样本数量上我们也没有事先作任何界定,而是尽量遵循"理论类属饱和"原则(卡麦兹,2009),在访谈中获得尽可能丰富的信息和数据。

我们根据研究问题和相关理论文献准备了非常概要的访谈大纲,这些大纲在访谈过程中仅作为访问方向的参考,我们尽可能采用开放式访谈的方法,根据访谈的进度和内容来弹性地调整访谈内容。因此,访谈大纲为我们的访谈工作提供了基本参照,使得整个访谈过程不至于偏离最初的研究目标;而完全开放式的、弹性的访谈方式又能保证我们可以获得更为丰富的信息。与此同时,开放式的访谈也可以使受访者感受到更少的压力,尽可能令其在放松的情况下来完成访谈,这有利于访谈质量的提高。

3.3.2 访谈与数据收集

根据 Mehta、Dubinsky 和 Anderson(2002)的研究发现,生产企业销售经理是执行渠道管理任务的主要经理人员,他们负责管理的渠道事务包括规划渠道战略、设计营销渠道、选择渠道成员、激励渠道成员、评估渠道绩效和管理渠道冲突,并且中层销售经理与高层销售经理在所有渠道管理活动的参与中没有差异。因此,我们将生产制造企业的中层销售(市场)经理或高层销售经理确定为访谈对象,先从制造商开始访谈。通过对制造商的访谈,我们会了解与他们进行互动的批发商和零售商的主要人员,从而锁定针对批发商和零售商的访谈对象。根据访谈结果,我们将批发商的总经理、零售商的高层管理人员(如店长、总经理或副总经理)以及采购经理作为访谈对象。

访谈工作由本书作者在两名硕士研究生的协助下展开。访谈地点主要在比较轻松的环境下进行(主要是作者的研究工作室和咖啡厅),访谈过程全部由作者主持,硕士研究生负责录音和笔记。本研究共完成了14个样本的访谈,其中包括6个生产制造企业、5个零售企业和3个批发企业,所有样本的平均访谈时间为1小时31分,最长访谈时间为1小时52分,最短访谈时间为1小时5分。所有样本的访谈工作在2010年3—7月间完成,访谈样本及访谈对象情况如表3-1所示。

表3-1 访谈样本情况一览表

样本编号	个人资料	职务	渠道角色与企业所有制	产品	访谈时间	访谈持续时间
R1	男,37岁,从业10年,本科学历	副总经理	零售商(中资)(百货店)	服装等日用百货	2010-03-28	1小时50分
R2	女,37岁,从业6年,本科学历	采购经理	零售商(中资)(电器专业店)	家用电器	2010-04-17	1小时10分
R3	女,37岁,从业8年,本科学历	采购经理	零售商(美资)(超市)	包装食品	2010-04-21	1小时45分
R4	男,37岁,从业5年,本科学历	店长	零售商(中资)(超市)	食品、日用百货	2010-06-22	1小时10分
R5	男,40岁,从业10年,本科学历	采购经理	零售商(中资)(超市)	食品、日用百货	2010-07-04	1小时18分
D1	男,42岁,从业5年,工商管理硕士	总经理	代理商(中资)	服装	2010-06-22	1小时37分
D2	男,41岁,从业11年,工商管理硕士	总经理	代理商(中资)	白酒、牛奶	2010-06-28	1小时45分
D3	男,35岁,从业11年,工商管理硕士	总经理	经销商(中资)	海产品	2010-07-07	1小时52分
M1	男,37岁,从业10年,工商管理硕士	区域市场经理	制造商(中资)	食用油	2010-05-31	1小时40分
M2	男,37岁,从业8年,本科学历	区域市场经理	制造商(中资)	手机	2010-06-02	1小时48分
M3	男,38岁,从业9年,工商管理硕士	市场经理	制造商(中资)	光源产品	2010-06-26	1小时5分
M4	女,40岁,从业9年,工商管理硕士	市场经理	制造商(日资)	拉链	2010-07-03	1小时35分
M5	男,35岁,从业4年,工商管理硕士	销售经理	制造商(中资)	铁制品	2010-07-03	1小时17分
M6	男,41岁,从业5年,工商管理硕士	采购经理	制造商(美资)	电梯	2010-07-05	1小时28分

注:R代表零售商样本,D代表批发商样本,M代表制造商样本。

从表中可以看出,访谈样本企业经营的产品涵盖了消费品(如牛奶、手机、服装)与工业品(如拉链、电梯);在企业所有制结构上涵盖了中资(含两家台湾企业)、美资、日资等不同类型的企业;零售商业态涵盖了百货店、专业店、超市三种代表性业态,批发商则包括了代理商和经销商两种主要类型。访谈对象均为本科以上学历,平均从业时间为 7.9 年,最短的从业年限也达到了 4 年,这意味着受访者对其所在的企业和行业有较为充分的了解,能够提供相对准确的信息。

3.3.3 数据分析

在征得受访者同意的情况下,我们对访谈过程进行了全程录音,而后委托专业速记公司将访谈录音转换成文字记录。对于转换过程中可能出现的差错,我们采取了三种办法来控制:第一,根据访谈对象对录音文件进行了统一的命名和编码;第二,要求速记员在转换过程中如遇有模糊或理解不到位的情况,请其在文稿上进行标记并与我们沟通确认;第三,对于那些表达含混,理解上容易出现歧义的内容,与受访者沟通进行确认。音频文件转换成文字资料以后,我们根据音频文件的编码对文字资料进行了统一的命名和编码,最后总共获得了 14.7 万字的访谈资料。在访谈文字资料整理工作完成以后,我们先对访谈资料逐段、逐句地进行了编号①,而后参照扎根理论的编码方式(初始编码—聚焦编码—轴心编码)对访谈记录进行了分析(卡麦兹,2009),分析的内容主要围绕着本研究所关注的几个问题展开。

3.4 主要研究发现

3.4.1 渠道边界人员头脑中存在网络观念吗?

根据我们对访谈数据的分析,很少有企业会一对一地处理渠道关系,无论是

---

① 在本章中引用的访谈资料原文我们都注出了所引文字在访谈纪录中的编码,如 R1-1-1 表示 R1 样本访谈纪录的第一段第一句话。

上游的制造商、下游的批发商与零售商,它们在处理渠道管理问题时都自然而然地将其他相关渠道主体纳入考虑范围。换言之,在渠道成员的决策框架中是存在一个网络观念的,这一点在各个层级的渠道主体间没有明显的差异。

从零售商的角度来看,它们在处理与某个供应商的关系时,不仅考虑零售商与该供应商之间的关系,还会将其他供应商、其他零售商考虑在内。如一位百货店的副总经理所言:"我们在处理与供应商的关系时,要考虑的因素挺多的,如该供应商的市场地位、它们行业内的竞争情况,以及我们自身面临的竞争情况等。"(R1-5-1)

另一位电器专业店的采购经理对这一点进行了更为明确的阐述:"实际上我们在处理与某个厂商关系的时候要考虑的因素挺多的。首先,在市场上我们很多竞争对手的实力都不可小看,我们知道 R2 只是厂商众多渠道中的一个而不是唯一的。厂商手里有资源,它们向哪个渠道多投入资源,就可能从哪个渠道获得更多的销售额。如果我们提出的条件太苛刻的话,它们就把重点转向其他渠道了,因为它们知道虽然各个渠道的销售能力有所差异,但绝对没有到缺谁不可的地步,它们通过支持其他经销商一样可以获得在这个市场上的销售额。如果这样的话,我们的收益从哪里来呢?另一方面,就某个产品类别而言,我们知道厂商之间的竞争也很激烈,我们知道哪个品牌的影响力更大一些、哪些品牌是跟从的品牌。我们当然也知道每个品牌供应商都在同时和很多零售商联系,在它们那里,所有零售商给出的条件是明摆着的,它们会选择一个最优的方案来投入资源。同样,每个品牌供应商也都在与我们联系,它们的要求对我们来说也一目了然,我们也会根据各个品牌的情况安排一个合适的方案。"(R2-5-1-6)

针对制造商的访谈数据也印证了上述零售商的观点。如 M1 的销售经理所言:"我们每个卖场都会接触,它们的(进场)条件我们也都知道,我们那些竞争品牌供应商和我们也是一样的。在这个不断重复的过程中,实际上信息就变得很透明了,就是我们品牌什么样、它们品牌什么样,这个卖场什么条件、那个卖场什么条件,大家就都知道了。"(M1-89-1-3)"它们(零售商)有时合同谈不下来时,就直接把与对方(M1 的竞争者)的合同条款拿来给我看,说它们都是这样做的,你们为什么不行?我就说,它是它,我是我,品牌和市场地位都不一样,我们只能给出这样的条件。"(M1-90-1-2)

这一点在直销渠道中体现得也非常明显。如 M4 是一个拉链生产企业,它们通过直接渠道向品牌服装或箱包生产企业供货。该企业的营销经理是这样表述的:"比如我们的终端客户——服装厂,它们不是只做某个品牌的服装,而是同时为很多品牌代工。所以我们报给某个品牌服装的价格等交易条件在它们那里是一目了然的,而这些信息就会很快反馈到各个品牌制造商那里去。我们在报价时,这一点是必须要小心的。"(M4-61-1-2)

虽然营销渠道行为理论研究一直将二元渠道关系作为基本分析单位,而在分析时不考虑其他渠道主体的影响作用,这一研究传统显然是出于研究操作的需要,但实际上企业的渠道管理实践中很少有企业会这样做,每一个企业的决策框架中都包含了更多的渠道主体,而企业决策也正是在这样的渠道网络结构中作出的。显然,在网络框架内的决策必然体现了网络的影响,而非简单的一对一的二元关系。

3.4.2 渠道边界人员认知的网络形态如何?

在我们已经确定企业的边界人员在考虑渠道管理问题时具有网络观念这一基础上,接下来我们要回答的问题是,企业边界人员所认知的网络是一个什么样的网络?具体而言,什么样的渠道主体会进入认知网络框架,或渠道管理决策的认知网络的边界在哪里?在 IMP 集团企业网络的研究传统中,对企业间网络的研究主要是在企业层面(firm level)展开的,虽然学者们并不否认个人在企业间网络中的作用,但却很少有研究单独关注企业间网络中的人际关系网络以及两种网络之间的互动。在社会网络理论中,虽然学者们都认为网络会因网络主体的不同而存在于不同层面(如人际间网络、群体间网络和企业间网络),但不同层面的网络之间的相互影响却一直是研究的难题(Contractor, et al., 2006)。我们研究发现,一方面,渠道成员在决策时所考虑的渠道网络是存在一个较为清晰的图景的,即这个网络构成主体的身份是较为明确的;另一方面,渠道成员所认知的渠道网络不是一个单纯的企业间网络,而是交织着企业间网络和人际关系网络的复合网络。在认知的层面上,渠道边界人员能够清晰地将两个层面的网络分开,但在进行管理决策时,两个层面的网络同时作用于渠道边界人员的决策,从而形成了一个更为复杂的影响机制。

1. 渠道边界人员认知网络的边界与结构

我们分析发现,渠道边界人员对渠道网络主体的界定是较为清晰、明确的,他们在管理活动中主要考虑两类渠道主体:一类是存在直接交易关系的渠道伙伴群体(如零售商某一品类产品的供应商群体),另一类则是渠道成员自身所在行业的群体(如同一市场中的零售商群体)。显然,这种认知是建立在市场竞争机制和多边渠道关系中的资源依赖关系基础上的。

上述两种机制的影响在零售商与其供应商之间的渠道关系中表现得尤为明显。由于零售商与供应商之间的交易关系很少涉及排他性条款,所以渠道上下游之间多对多的渠道关系是一种常态,这就使得无论是零售商还是供应商在作出管理决策时必须要考虑这种多边渠道关系中的竞争机制。"我们在和供应商谈的时候一定会考虑它(供应商)与其他超市的交易条件,其中最重要的就是合同条款。因为各个超市之间虽然是竞争对手,但都很熟,我们会了解它(供应商)在竞争对手(其他超市)那边的主要条款,了解合同条款是最关键的。"(R3-30-1-2)

"通常每个年度、季度开始的时候,我们会花很多时间来做这些方案……我们首先根据以往的销售数据和各个品牌的市场竞争力将某个品类的品牌分类,如哪些是一线品牌、哪些是二线品牌。然后,在我们的门店内、在我们的采购政策导向上就根据各个品牌的不同情况制定一个原则性的方案,如对于一线品牌应该如何重点安排、二线品牌应该如何安排等。"(R2-6-1-2)

在供应商方面,信息同样近乎透明:"它们(供应商)之间也非常了解,从厂家的拿货价格、卖多少给多少返利、给哪个超市什么条件,一清二楚。"(R5-60-1)"跟我们相同行业的那些供应商与卖场的关系、交易条件什么的我们都了解,这很正常,大家天天都在一起打交道。"(M1-48-1)无论是制造商直接向零售商供货,还是通过批发商来供货,零售商之间的竞争关系以及由此决定的零售商的市场地位自然是供应商要考虑的关键因素,而其竞争对手的情况,尤其是它们与零售商的交易条件更是对供应商的决策产生了直接的影响。

除了存在直接竞争的多边交易关系以外,其他渠道主体的影响就非常弱了。其中几乎所有受访者都表示像政府、银行、物流公司等相关主体基本不在他们渠道管理决策的考虑范围内,作为规制机构的政府除了必要的监管职能在企业的考虑范围内外,还可能作为调解人在渠道冲突等问题中扮演一些角色,但这种作用似乎只在有国有企业背景的渠道成员那里才被重视。如果不是作为直接向下游渠道成员供货的交易者,制造商一般也不会直接介入其下游批发商与零售商的交易,其功能仅限于辅助批发商完成市场开发与覆盖(D2-38-2,M2-43-1)。同样,零售商一般也不会越过批发商直接与厂商联系来解决其余批发商之间的交易问题,除非是一些对零售商而言非常重要,而批发商又解决不了的问题,如零售商新店开业要求供应商给予额外支持等(R3-38-1)。

从以上分析中我们可以看出,在渠道边界人员认知的渠道网络中,网络的边界是相对比较清晰的,对他们渠道管理决策产生影响的主要是渠道上下游存在多边交易关系的渠道成员。并且由于信息在渠道网络中的流动使得渠道边界人员还可以更为细致地了解他们感知的渠道网络结构,即哪些渠道成员在网络中居于中心位置,哪些成员处于网络边缘;哪些渠道成员之间关系紧密,哪些渠道成员之间关系松散等。渠道成员的管理决策的制定正是以渠道边界人员对渠道网络的这种认知为基础的。

2. 渠道边界人员认知网络的层次

虽然渠道网络本质上是一个企业间网络,但企业之间的交易与互动都是通过企业的边界人员来完成的。显然,渠道成员的边界人员并不是唯一的,他们会随着企业管理层级的不同而在企业中占据不同的岗位(从基层的业务人员到中层部门经理,再到企业高层经理),在渠道互动行为中扮演着不同的角色。我们的数据分析结果表明,渠道边界人员认知的渠道网络由两个相互交织的层面构成,即企业间网络和跨组织人际关系网络。其中,企业间网络的构成较为简单,而跨组织人际关系网络则由于边界人员层级的不同而呈现出非常复杂的状态。

"表面看上去是两个企业之间的合作,实际上这背后的人际关系是非常复杂的。企业与企业之间的交易关系,在很多时候就是靠人际关系来维护和调整的。这里不是简单的一对一的关系(如我们采购经理和对方销售经理的关系),我们这边的老总、副总、部门经理,乃至业务人员在零售业内、厂商业内都有着广泛的人际关系,对方各个层级的人员也是一样的,有些时候你都不知道对方来找你谈判的经理和谁有关系,那你就必须非常慎重。这种人际关系网络对于企业间交易关系的影响简直是太大了。"(R1-24-1-4)R1 这位副总的观点是颇具代表性的,尤其是对中国本土企业而言,跨组织人际关系无形而微妙,但却会对企业间交易关系带来非常大的影响。显然,这一点与中国社会的商业习惯紧密相关,由于人际关系在企业间商业活动中扮演着非常基础和核心的作用,很多企业之间的联系都是通过人际关系实现的,并且很多企业之间的互动、交易的发生、问题的处理也都是通过人际关系完成的(庄贵军,席酉民,2003)。虽然探讨两个层次网络的相互影响已经超出了本章讨论的范围,但我们要对来自不同所有制企业样本之间的差异作些说明。

根据所有制类型或资本结构,我们可以将全部访谈样本企业分成三类:改制后的国有企业、民营股份制企业和外资企业。由于我们的访谈对象都是在这些企业任职的中国人,因而他们都能在企业间交易网络之外感受到跨组织人际关系网络对他们决策的影响,但由于不同类型企业制度、文化的差异,他们对跨组织人际关系网络作用的认知也存在比较大的差异。最为明显的两个端点是改制后的国有企业和外资企业(主要是指美资和日资企业)。在改制后国有企业的一端,跨组织人际关系被认为是非常重要的,并且往往和企业内部的人际关系网络联结在一起,有时他们甚至会认为人际关系网络的作用要大于企业间交易网络(R1-26-1)。以美资和日资企业为代表的另一端则刚好相反,这些企业通过非常健全的制度来尽可能地限制人际关系网络的影响,这类企业不鼓励,甚至禁止其边界人员与其他业内人员建立较为紧密的个人联系,一切决策都建立在企业利益至上、遵从企业制度的原则之上(R3-36-2,M4-45-2-4,M6-36-1-3)。在两个端点之间的就是民营股份制企业(包括台资企业),这类企业在制度建设上不如美资和日资企业完备,但要远远好于改制后的国有企业,因此在这类企业的边界人员观念中,跨组织人际关系给了他们一个在企业刚性制度之外的柔性调节机制,即在不违背企业制度原则的情况下,人际关系网络可以在渠道管理中发挥重要作用(R2-26-1&3,M5-41-1-2)。由此看来,三类不同企业边界人员的渠道感知网络结构复杂性就会存在比较大的差异,改制后国有企业的两层面网络复杂地交织在一起;美资和日资企业则会呈现以企业间网络为主,跨组织人际关系网络很弱的较为清晰的状态;而民营股份制企业(包括台资企业)则处于二者之间。显然,上述差异的存在既有文化差异的原因,也有企业制度与文化建设方面的原因,对此我们不再进行深入探讨。

跨组织人际关系网络的复杂性还体现在企业不同管理层级所形成的"圈子"以及人员在层级间的流动。这种跨组织的人际社交圈(网络)会比较明显地在不同管理层级之间区分,并且从企业的高层经理到基层的业务员,层级越低,圈子中的人际关系就越紧密,互动也会越频繁。如一位手机制造商(M2)的区域销售经理这样形容他的圈子:"我们这个圈子一般就是省代(省级代理商)的老总、其他品牌手机省公司的总经理,或者有的虽然不是一把手,但可能是比较资深的二把手、三把手这些人,再有就是一些运营商、大客户的经理。"(M2-43-1)但在这个层面的跨组织人际关系网络中,经理们之间的互动并不频繁,经常见面的场合是在诸如运营商会议、代理商会议之类的地方,或者就一些关键的业内问题通过电话进行沟通。并且在圈子内互动的时候,大家也都很小心不会去打探对方的信息:"这些人很多我都很熟悉,但我通常不会去问他们企业的情况,如果我要了解他们的情况,我会问我下面的经理或业务员,他们了解的信息更多一些。"(M1-35-2)在高级管理层面上的这个跨组织人际关系网络的形成,一方面,是其在公司内担任的职务促使他们之间有了互动和交流;另一方面,更重要一些的是,很多人从业务员开始就彼此熟识,并且大家一同在各自的企业内晋升到了高级管理层,这一种路径所形成的圈子显然会更加紧密。

在企业中层管理这个层面上,如制造商的销售经理、零售商的采购经理、楼层经理等,他们之间的跨组织人际关系网络会更多地与业务员层面的网络交叉。与高层经理不同,这个层面上的经理涉及更多具体的管理决策,因而他们对网络中信息的需求就更为直接和迫切。许多网络中的信息跨组织的流动是通过这个层面的圈子进行的:"我(R4的店长)和其他店长及经销商老板之间没有太多深入的交流,但我知道我们下面的采购经理和业务员与经销商的销售经理、业务员是非常熟悉的,他们经常一起踢球、吃饭。他们那个圈子比较紧密,当然关于各个品牌的销售情况、各个超市的入场条件、哪个超市的采购经理人比较好、哪个比较黑,哪个销售经理或业务员不错、哪个不行等等,这些在他们圈子里都是很透明的。如果我要了解某个品牌供应商的情况,我只要问一下他们(下面的采购经理)就行了。"(R4-17-3-4)"很多比较敏感的数据你只能通过私人关系来拿,实际上做采购就这么几个地方,大家跳来跳去都出不了这个圈子,大家也都知道什么可以告诉你,什么不行,不方便说的我们问都不问。"(R5-54-2)人员在不同企业之间的横向流动促进了跨组织人际关系网络的形成,并且随着时间的推移会导致这个网络变得越来越紧密。

基层的业务人员之间的网络就更是如此,由于这些人员每天都工作在第一线,他们之间的互动是最为直接,也是最为频繁的。这种频繁的直接互动是促使该层面跨组织人际关系网络变得紧密的重要原因,此外,很多从业人员从自身职业生涯的角度也会主动地建立业内广泛的人际关系。"一般来说,底下的(竞争对手间)业务员之间、业务员与零售商采购业务员之间的交流是很多的。经常一起吃个饭,也不会去太高档的地方,就像是烧烤店就好,通常有个固定的地点。一开始吃饭,就会给一些人打电话,往往是刚开始时只有几个人,最后就十几个人了,不同公司的业务都来了,甚至一些零售商的采购业务也来了。有时大家也不谈工作,就是消遣,当然碰到一些问题的时候也会谈谈工作,但一般不会为了谈工作来吃饭。这样的情况很常见,这个圈子内的沟通是很顺畅的,因而很多信息基本上是透明的。因为交朋友是自己的资源,除了有时可以用来解决工作上的问题以外,对自己将来的职业生涯及其他方面都是有好处的。所以,如果你想长期在这个行当里做下去,你就需要融入这个圈子。"(M1-62-2-8)这种比较紧密的网络不仅会促使人员在不同企业间转换,还会使业内的各种信息变得透明。

在中层经理圈子和业务员圈子之间存在着比较密切的互动,这种互动也体现了渠道边界人员对自身职业生涯的考虑:"很多时候,如果你想长期在这个行业里做,你自己就会有意识地积累一些人脉。如我们做供应商业务的时候,我们接触不同卖场的采购经理或采购业务员,我们也会判断哪些人将来可能会往上走;他们对我们这些业务员也会有所判断,对于那些他们认为将来一定会向上走的人,就可以走得更近一些。另外,如果你想长期做下去,你一般不会轻易和别人闹翻脸,人员的流动是很快的,今天他在这个零售商这里做采购,明天可能就到某个供应商那里做销售经理了;或者,今天他是竞争对手的业务员,也许明天他就到哪个零售商那里做采购经理了。如果你和这样的人关系很差的话,不是给自己找麻烦吗?"(M1-61-1-3)渠道边界人员在渠道上下游企业间的流动,实际上会促使渠道上下游间信息的流动,而中层管理人员类似于人脉投资一样的行为更是推动了两个层面圈子之间的融合与互动。

鉴于人际关系在中国商业社会中的重要作用,我们能够看到跨组织人际关系网络实际上远比企业间网络复杂。这种复杂性一方面体现在它们在不同企业管理层级上相互交织,另一方面体现在跨组织的人际关系实际上与企业内部的人际关系网络之间存在着千丝万缕的联系,对于这一点我们就不展开论述了。

3.4.3 渠道边界人员如何实现对渠道网络的认知?

渠道边界人员对渠道网络及其结构的认知建立在其能够有效获取关于网络的信息基础之上,关于网络主体、网络主体之间关系的信息在网络内的流动为渠道边界人员形成对渠道网络的认知提供了基础和前提。根据数据分析结果,我们发现关于网络主体及其相互间关系的信息主要通过以下几种方式在网络内流动,并形成边界人员认知网络的基础。

首先,企业内部共享的关于行业和渠道成员的信息。这部分信息包括两个部分:一个部分来自于企业的高级管理层(如集团公司总部),另一个部分则来自于企业经营单位内部经营过程中生成的数据与信息。前者如 R2 总部定期发布的工作简报:"公司总部会定期向我们发布各种简报,这不仅会涉及家电生产行业、企业的动态信息,还会涉及我们的主要竞争对手的动态信息。我们拿到的数据甚至包括某个竞争对手的某个门店的详细销售记录(如哪一天哪个品牌出了多少货)。当然,关于我们的动态、销售数据,不仅我们的竞争对手会像我们一样掌握,我们的供应商也会会掌握。这让我们在与厂商打交道的时候没有什么东西能够相互隐藏。"(R2-7-1-4)对于后者,很多企业通过建立内部销售数据库来获取、分析并在企业内部共享相关信息:"我们有非常完善的系统,通过分析销售数据来筛选我们的供应商,如某个供应商品牌对我们的销售贡献率等,系统会自动生成一个《××报告》,通过这个报告我们对供应商的情况会非常了解。"(R3-5-2)"我们有一个销售系统,每个店、每个产品的销售情况在电脑里都能即时反映。并且这个系统包括很多其他模块,如库存模块、财务模块等,我们通过这个系统不仅可以了解某个产品的销售数据,还可以了解库存、结款情况等信息。"(R3-39-2-4)从访谈数据中我们发现,相对于批发商和制造商而言,零售商在企业内部销售数据的收集、分析与共享方面做得更好一些,这也许与其收集即时销售数据比较方便有关。

其次,跨组织的人际关系网络是信息流动的非常重要的载体。相对于企业内部共享的信息是建立在企业正式制度的基础上,通过人际关系网络流动的信息往往是建立在非正式的组织形式和行为规范的基础上。M1 的销售经理是这样来表述人际关系的作用的:"在一个行业久了,对圈子里的人都会比较熟悉。时间长了,你会发现,在这个圈子里的总是这些人,大家可能都是从业务开始做的,但慢慢的有些人就逐渐做到采购经理、分区销售经理甚至是大区销售经理了。如果我们都是朋友的话,在很多时候都是很管用的。如对竞争品牌销售情况、对不同卖场销售份额的数据很多时候都是通过这些关系获得的"(M1-60-1-3)在零售商一方,情况基本相同:"它们(供应商)的市场地位通过销售额直接就显示出来了。至于它们之间的相互关系,不是有那么多的人际关系吗?信息的流动是很快的。人员在供应商间的流动,以及这些人员与我们的联系,让我们双方都很了解对方的底细。我们对业内的情况就更了解了,我们就干这一行的嘛,谁的销售额高、谁的低,哪个供应商和哪个店做了什么活动,我们都知道。"(R1-16-1-5)如同我们前一个部分所分析的,各个层级的人际关系网络构成了信息流动的天然通道,并且网络越紧密,信息的流动速度就会越快。虽然我们前文分析中提到了诸如美资和日资企业不那么重视跨组织人际关系的作用,但在企业基层的业务人员层面实际上这是一个无法避免的现象。尤其是这类企业中的中高层管理人员与其他企业相应层级管理人员之间的关系会更为松散,基层业务人员之间的横向信息交流就显得更为关键。这些基层业务人员获取的信息会通过企业内部垂直的组织体系反馈到中高层管理人员,并形成他们决策的重要依据。

再次,行业协会为企业间的交流与互动提供了信息分享的平台。行业协会在渠道关系中起到两种基本的作用,即分享信息和协调行为。一般定期召开的协会年会最为基本的功能就是分享信息:"开会的时候,各个企业的人都会来,大家会研究一下产业发展的形势,协调一下下一步该怎么走,也会就价格(产品定价)作一些交流。"(M5-37-1)有些时候,行业协会也成为协调渠道成员行为的一个平台:"前几年他们(经销商)就搞了一个供货商协会,牵头的是规模最大的经销商,他们联合起来去和超市谈返点、进场费之类的问题。如果超市的实力不是很强,在面对他们联合起来的压力时,还真没什么办法。"(R4-20-2-3)在制造商这边,行业协会的这种协调功能还可能用来对抗某个强势竞争者:"国内的拉链生产企业有拉链协会,它们在这个平台上经常交流。我们(日资拉链生产企业)也想加入,但它们非常排外,因为我们是日资,所以它们不愿意我们去当会员。它们国内的企业是非常紧密的,行动也比较一致,要涨价大家都涨,要降价大家都降。"(M4-52-2-4)可见,行业协会至少提供了一个让渠道成员较为充分地了解自己所在行业信息的机会,但由于大家所关心的问题多涉及渠道交易问题,因而关于渠道伙伴、渠道关系的信息也可以得到分享。

最后,第三方市场研究数据提供了来自网络外部的信息。除了上述三种主要的信息流动渠道以外,一些企业也会向诸如 AC 尼尔森这样的专业市场研究机构购买相关市场研究报告,以获得行业内全景式的信息。如 M1 公司就是这样做的:"我们公司总部没有定期的简报给我们,但总部会定期购买尼尔森的行业数据,这样我们大体上能够对行业的总体情况、品牌市场份额等方面的东西有个整体的把握。"(M1-82-1)购买专业研究机构的数据虽然可以获得较为详细的全景式信息,但这些信息却无法即时更新,因此即时信息的流动还主要依靠人际关系网络。

3.4.4 渠道边界人员对网络的认知如何影响其决策行为?

渠道边界人员的认知网络对其行为的影响机制是一个非常复杂的问题,尤其是在企业间网络和跨组织人际关系网络相互作用的情况下。因此,我们仅就数据分析结果提出一些概括性的观点,目的在于能够为后续的实证研究设计提供参考。

首先,企业间网络的影响。企业间网络对渠道成员行为的影响主要是通过两种机制:基于市场竞争的网络替代机制和二元关系中的资源依赖结构。在多对多的渠道网络中(如多个供应商与多个零售商之间的渠道网络),存在多边交易关系的渠道上下游成员之间形成了较为充分的替代网络,即每个二元渠道关系中的渠道成员都拥有交易伙伴的替代者,这从根本上降低了每个渠道成员对特定交易伙伴的依赖水平,当然也削弱了渠道成员的权力水平。而通过各种信息流动渠道,在相互竞争的网络中信息分布也变得更为对称和透明,这会进一步减少某个渠道成员控制渠道网络的机会。前文引用的 R2 采购经理的观点(R2-5-1-6)较为充分地说明了这种影响机制。

虽然多边渠道网络中信息的分布较为充分和透明,但在具体的二元渠道关系中,渠道成员的行为在考虑网络替代机制的基础上,还会受到特定渠道关系中资源依赖结构的影响。百货店 R1 副总经理的观点较为充分地说明了这种影响机制:"对于一些大品牌的供应商,就像耐克或 LV,我们一般不和它们谈什么条件,它们要什么样的场地,对我们有什么要求,我们一般会尽量满足。对于这些大品牌,我们要的是形象,它们进来了,我们店铺的形象就上去了。并且这种类型的品牌之间的竞争也没那么激烈,毕竟高端品牌数量少嘛。至于那些一般的小品牌,情况就不一样了。我们知道它们面临的竞争压力很大,并且我们在当地市场上也是很重要的渠道,我们就会向它们提出比较高的要求,如更高的扣点、更高的租金等。"(R1-15-2-6)即使如此,只要替代网络效应存在,二元关系中强势的一方就不会肆无忌惮地压榨弱势合作伙伴,因为尽管它在市场中重要,但不

社会网络嵌入与营销渠道行为:理论与实证

代表它是唯一的。换言之,替代网络效应的存在会在某种程度上削弱二元关系中资源依赖结构不对称带来的影响。

其次,跨组织人际关系网络的影响。总体而言,跨组织人际关系网络对渠道成员的行为会产生影响,这种影响不仅在于通过人际关系网络快速流动的信息,还来自于中国社会所独有的人情、面子、感情等人际关系要素。但如前文所述,人际关系网络影响的大小取决于企业的类型,在正式企业制度非常完善的企业中,人际关系网络的影响会被降低;相反,在正式企业制度不甚完备的企业中,人际关系网络的影响就会很大。这种现象类似于 Xin 和 Pearce(1996)所称的人际关系作为正式制度的一种补充和替代的观点。

根据我们对数据分析的结果,渠道成员的管理决策从根本上还是取决于企业的利益,而这一点往往是由企业间网络所决定的,而制度建设水平不同的企业会在正式制度的基础上留给渠道边界人员大小不同的弹性空间,而填补这个弹性空间的正是边界人员之间的人际关系网络。如 R2 的采购经理这样描述了公司制度与人际关系弹性之间的关系:"它们(供应商)找我们帮忙的事挺多的,像资金有问题了,或库存有问题了,都可能会来找我们。我们可以提前账期给它们回款,也可以帮助它们消化库存,但公司制度在那摆着呢,不管我是采购经理还是总经理,帮忙可以,但不能给我们带来麻烦。我帮你解决问题了,但我却背负了额外的成本,那你要通过别的方式补偿给我才行。"(R2-27-1-3)"但私人关系好坏确实会带来很多影响,顶多就是我和你关系不错,我在我的权限范围内一些可办可不办的事情我给你办了,如果我们关系不好,那就公事公办呗。"(R2-28-1)由于企业的制度往往是刚性的,渠道边界人员之间的人际关系网络恰恰可以弥补刚性制度的不足,它会赋予渠道关系一些弹性,更有利于渠道成员之间的沟通和协调。如 M2 的销售经理这样阐述了人际关系的作用:"实际上在工作中,私人关系能给我们创造一个容易去沟通的氛围。如果没有这种私人关系可能就没有这么好的沟通氛围,这要大家相互信任才行。但这种私人关系我们却并不一定总是用来解决工作上的事情,有时就是一起聊聊天,起到一个催化剂的作用。"(M2-51-1-3)相比之下,M4 的营销经理抱怨了公司刚性制度过强给她们渠道管理工作带来的麻烦:"我们是严禁与客户或竞争对手发展私人关系的。像我们去参加品牌服装的招标会,很多企业的销售经理都在那儿,人家(竞争对手)都带礼物,也经常出去喝喝咖啡、吃个便饭,我们就什么都不能做。甚至我们在去拜访客户的时候如果碰到了竞争对手的经理,回来都得填个表格报告,公司甚至不允许你和竞争对手说话。因为它们认为,只要我们的产品好,我们不需要搞这些(私人关系)。"(M4-73-1-4)

但由于这些跨组织人际关系隐秘且难以控制,如果渠道边界人员的弹性空间过大,就会给企业间交易关系带来负面的影响,也会侵蚀企业正式制度的作用,所以企业都会通过正式制度来对人际关系网络的影响实施相应的控制。一方面,企业通过干预能够放大人际关系网络积极的影响。在企业间关系已经建立并且对关系双方都很看重的情况下,代表两个企业的边界人员的个人关系就会成为一个对企业间关系及渠道行为产生重要影响的关键要素。当这种情况发生时,企业可能会通过正式的企业间沟通来作一些改变,如我们访谈案例中有几个企业都提到,当采购经理发现与之打交道的供应商的销售经理很难共事时,他(她)会给公司高层部门写个报告,请求公司出面正式沟通,要求供应商调换经理。在很多时候,在公司高层和供应商核实后,供应商一般都会比较积极地调换当事销售经理,以促进双方企业间的沟通和互动。另一方面,企业通过干预可以降低其可能产生的负面影响。如生产企业对其在各个地区的销售经理实施轮换制度就是典型的方式。零售企业也会对其采购经理、楼层经理定期进行轮换,以降低渠道边界人员之间由于过于亲密可能给公司带来的负面影响。如一位服装代理商(D1)的观点就印证了这一点:"我会刻意保持与他(百货商店楼层经理)的距离,不能把关系搞得太好;否则的话,一旦他的上司发现他与我或其他代理商关系太亲近,他就会被调岗。这样对我反倒没什么好处,还不如平衡一下。"(D1-57-1)关于两个层面网络的相互影响问题,我们在此不再进行深入探讨。

3.5　讨论与结论

3.5.1　研究的主要发现

围绕渠道边界人员对渠道网络认知的几个基础性问题,我们对来自制造商、批发商和零售商的 14 位中高层经理分别进行了一对一的深度访谈,并对"渠道边界人员头脑中是否有网络观念""渠道边界人员认知的渠道网络形态""渠道边界人员如何认知渠道网络",以及"渠道边界人员的认知渠道网络如何影响渠道成员的行为"这四个基本问题进行了探索性研究。

通过对容量巨大、内容丰富的定性访谈数据的分析,我们的研究发现可以归结为以下几点:

首先,在渠道边界人员的观念中是存在网络概念的。渠道边界人员在渠道管理决策中,很少单纯地考虑一对一的渠道关系,而必须要将自己所在市场的竞争者、渠道伙伴的竞争者以及它们之间的关系纳入思考框架。这样的决策思考框架实际上也确定了渠道边界人员认知的渠道网络的边界,即他们认知的渠道网络中主要包括渠道关系双方行业中相互竞争、彼此之间存在多边交易关系的企业,而与渠道成员存在间接关系的主体通常不会被纳入网络范围,如零售供应商的上游厂商就很少进入零售商的决策思考框架;与此同时,诸如政府规制机构、银行等金融机构,以及物流、市场研究等辅助机构也很少被考虑在内。这一点要比一些理论研究(如 Achrol, et al., 1983; Anderson, et al., 1994)所考虑的网络范围要小得多、简单得多,从而对实证研究操作也就更具启发意义。

其次,渠道边界人员所认知的渠道网络包括相互关联的两个层面:企业间网络和跨组织人际关系网络。其中,企业间网络是比较容易被观察到的,它主要表现为渠道上下游企业之间的多边交易网络;而跨组织人际关系网络则隐藏在企业间网络的背后,它更加隐秘,涉及多个不同的层面,并且与企业内部人际关系网络交织在一起。根据企业的管理层级,跨组织人际关系网络包括界限相对清晰的三个层面:高级经理人之间的网络、中层经理人之间的网络,以及基层业务人员之间的网络。这三个层面的网络中,从企业管理的高级层面越接近基层,网络规模越大,网络关系越紧密,并且中层经理人之间的网络与基层业务人员之间的网络存在着较多的重叠和交叉。这一点现有研究文献还没有给予足够的关注,尤其是在讲究人际关系的中国商业社会中,对跨组织人际关系的深入研究不仅具有较大的现实意义,也可能蕴含着丰富的理论创新机会。

再次,渠道边界人员通过多种不同的途径来获得网络信息,从而形成他们对渠道网络的认知。这些信息流动的渠道既包括基于企业正式制度获取、生成并传递的渠道,也包括依托非正式的人际关系网络快速传递的渠道。前者包括公司内部生成并共享的数据与信息、公司从专业研究机构购买的信息、公司通过行业协会平台获取并共享的信息;后者则依托不同层面的跨组织渠道边界人员之间的网络,并结合企业内部的正式或非正式信息传播渠道获取并共享。

最后,渠道成员认知的企业间网络和跨组织人际关系网络相互作用,共同对其决策,进而对渠道成员的行为产生影响。其中企业间网络的影响主要通过相互替代的网络效应和二元关系中的资源依赖结构来体现。而跨组织人际关系网络的影响更多的是被当作在公司正式制度之上的一种非正式的制度,即通过人际关系网络的弹性来弥补企业刚性制度的不足。但跨组织人际关系网络对于企业而言可能是具有正负双重影响的双刃剑,企业必须通过正式的制度来对跨组织人际关系网络的作用实施相应的干预,以促进其发挥更多积极的作用,而抑制其消极作用。

3.5.2 研究发现的理论意义

上述研究发现的理论意义可以从以下两个方面来阐述:

第一,就渠道行为研究的理论视角而言,我们迫切地需要突破传统二元分析范式,采用网络视角。虽然这种号召自20世纪90年代中期以来就陆续不断(如Anderson, et al., 1994; Antia & Frazier, 2001; Van Den Bulte & Wuyts, 2007),但我们此项多案例的探索性研究可以说为采用网络视角研究渠道行为提供了初步的实证证据。渠道边界人员每一天的管理决策都是在网络环境下作出的,将二元渠道关系从网络背景中隔离出来进行研究,无疑损失了太多情境信息,从而也难以充分地解释渠道成员的行为。

更进一步来看,在中国市场中对渠道行为进行研究必须要关注跨组织人际关系的影响。虽然一些研究文献已经在二元分析范式下关注跨组织的私人关系对渠道行为的影响(如庄贵军,席酉民,2004;庄贵军,席酉民,周筱莲,2007;Zhuang, Xi & Tsang, 2010),但这些研究也只是考虑了二元渠道关系中的二元人际关系,而没有从网络的角度去考察。从中国社会人际关系的构成形态来看,其在形式上从来都是网络化的,在渠道企业间网络背景下的人际关系更是如此。并且,根据我们的研究发现,渠道背景中的跨组织人际关系包含着多个不同的层面,而不同层面的人际关系网络在企业间网络中所发挥的作用并不相同。如此看来,要对渠道行为进行网络分析不仅需要关注企业间网络和包含不同层面的跨组织人际关系网络,还需要关注企业间网络与不同层面的跨组织人际关系网络之间的相互作用对渠道行为的影响。只有将上述多个层面的网络及其相互作用机制纳入研究框架,才能真正深刻地理解并解释渠道行为。尤其是将跨组织人际关系网络纳入研究框架,可以更加深刻地理解中国本土企业渠道行为的影响机制,从而对渠道行为理论作出更多原创性贡献。

第二,从网络视角下渠道行为理论研究的实证操作方法来看,我们的研究发现采取渠道边界人员感知的方式测量渠道网络结构提供了参考和借鉴。在渠道边界人员的观念中存在着一个界限相对清晰的网络,这种感知网络构成了他们管理决策的基础。我们的研究发现支持了网络图景理论的观点,真实的、客观存在的网络也许对渠道成员的行为产生了影响,但有限理性的渠道边界人员是无法、也不可能对整个网络结构有准确认识的。也许强调客观网络结构作用的社会网络学者们难以接受这种有悖社会网络理论传统的测量方法,但在网络边界的确定本身就富有争议的前提下,这不妨是一种可以考虑的方式。

在从二元分析范式向网络分析方向转换的过程中,学者们也可以采用几种不同的操作路径。首先,最为简单的办法就是将二元关系拓展为三元或四元关系,从两个渠道主体拓展到三个或四个相互联系的渠道主体就可以体现最为简单的网络效应——关系之间的相互影响。当然,这种研究设计并不需要从感知的角度来测量更大范围的网络结构,但在数据方面也面临着一些挑战。其次,我们可以将二元渠道关系的一边固定,而将另一边拓展为一个群体,即从一对一到一对多的网络形态,如从简单关注某个零售商—供应商关系,拓展为某个零售商和某个品类多个供应商的关系。在这样的研究设计中,从固定一边(如零售商)获取关于另一边群体网络结构的数据就成为可能,我们就可以采用关键渠道边界人员感知的方式来测量一个群体的网络结构。实际上第一次在渠道背景中开发网络密度和网络中心性两个测量量表的研究(Antia & Frazier, 2001)就采用了这种研究设计,这是极具启发性的。最后,我们还可以将二元关系拓展为多对多的双边网络,而从一边或两边通过渠道边界人员感知的方式来获取双边网络的结构数据。当然,这样的研究设计更为贴近渠道成员感知网络的现实状态,但在研究操作中需要考虑的问题也就更多。

3.5.3 管理建议

我们的研究发现对企业的渠道管理也具有一些启发意义。

首先,企业需要关注企业间网络与跨组织人际关系网络之间的相互作用,理性地对跨组织人际关系网络的作用进行管理。企业间的交易关系最终是通过跨组织的人际关系来维持和推动的,而跨组织人际关系网络往往因为企业间网络的存在而构建,因而跨组织人际关系网络和企业间网络是一个相互影响、相互作用的过程。鉴于二者相互作用、共同影响企业的渠道管理绩效,企业需要理性地对这两个层面的网络实施管理,用正式的企业制度来规范跨组织人际关系网络,用跨组织人际关系网络来弥补企业正式制度的刚性,以让两个层面的网络实现良性互动、相互补充,提高渠道管理的绩效。

其次,企业还需要关注跨组织人际关系网络的层次及其与企业内部人际关系网络的联结与相互作用。与企业不同的管理层级相对应,跨组织的人际关系网络存在相对清晰,但在某种程度上又相互交织着不同层次,并且这些跨组织人际关系网络是通过企业的边界人员与企业内部人际关系网络,以及企业的组织架构联结在一起的。企业对跨组织人际关系网络的关注,必须要注意到其与内部人际关系网络的联系与相互作用。同样,企业也需要对这两个交织在一起的网络实施相应的管理,以降低内耗,发挥其更大的积极作用。

最后,渠道边界人员需要理性地在企业间网络和跨组织人际关系网络之间取得平衡。从角色理论的角度看(Heide & Wathne,2006),企业边界人员是联结企业间网络和跨组织人际关系网络的重要结点,他们的角色是双重的,一方面代表企业的利益来与渠道伙伴执行交易(生意人的角色,businesspeople);另一方面,在边界人员人际网络中,还可能存在友谊和感情,从而将私人关系中的人情、面子之类的行为带入到交易关系中来(朋友角色,friend)。不可否认的是,具有双重角色的企业边界人员是时刻面临着角色的冲突与平衡问题的,因为代表企业的生意人角色与代表自己的朋友角色各自所遵循的行为规则很多时候会发生冲突,从某种程度上说,这也是企业需要通过正式制度来约束跨组织人际关系网络的原因。因而,为了提高管理绩效,渠道边界人员需要谨慎地处理好角色冲突问题,即理性地在企业间网络和跨组织人际关系网络之间取得平衡。

3.5.4 研究局限

关于未来的研究方向我们已经在前文中进行了探讨,这里对我们的研究局限进行一些说明。

首先,虽然我们在选择样本时有意识地将渠道上下游成员进行匹配,但我们并没有严格地围绕某个渠道关系进行匹配,这会对来自上下游不同成员的信息相互印证的效度带来一定影响。因此,未来的研究,无论是定性的还是定量的实证研究设计,应当注意渠道关系的匹配问题。

其次,每个样本我们只访问了一位渠道边界人员,而没有围绕一个样本企业进行多管理层面的边界人员访谈,这可能会对数据带来一定偏差。这种偏差可能存在是基于以下两点原因:一是渠道边界人员的管理层级不同,他们对渠道网络的认知能力可能存在差异,这种差异主要来自于他们在组织中的层级所能够获取的信息,以及他们所执行的管理职能对他们视野的限制。二是跨组织人际关系网络存在不同的层次,不同层面的渠道边界人员对各个网络层次的构成、运作机制可能存在不同的认知。我们在研究设计时并未明确地意识到这个多层面的跨组织人际关系网络的存在,因而未来的研究需要在研究设计时围绕一个研究样本从多个关键信息人那里获取数据,以提高研究的效度。

最后,虽然我们为了提高研究的外部效度尽可能地在抽样时涵盖了不同所有制类型的企业、不同的零售业态、不同的批发商类型,以及不同的产品,但仍有些关键的要素没有被考虑在内,这可能影响研究的外部效度。这些可能存在重要影响的关键要素,如企业规模、企业文化、企业制度,以及受访的渠道边界人员的一些人文统计特征(如专业背景、个人性格等),都需要在未来的研究中予以关注。

4 渠道权力应用、冲突与合作：渠道网络结构嵌入的影响[①]

自20世纪70年代以来,营销学者对渠道权力、冲突与合作等渠道行为展开了深入的研究,积累了丰富的研究文献,使之成为渠道行为理论中较为成熟的部分(Frazier, 1999)。但在过去近四十年的研究中,渠道行为理论主要囿于二元分析范式,即将由两个渠道成员构成的二元渠道关系(dyadic relationship)作为基本的分析单位,而忽略了渠道网络背景的影响(张闯,2008c)。从渠道结构形态来看,渠道结构是网络化的(Anderson, et al., 1994),因而将某个二元关系从其嵌入的网络背景中隔离出来进行研究是不足以解释渠道结构的网络化本质的(张闯,2008c)。从社会网络理论的角度来看,渠道关系是嵌入在渠道网络中的,因而渠道成员的行为不可避免地要受其所处网络结构的影响,即 Granovetter (1985, 1992)所称的网络结构嵌入(structural embeddedness)影响机制。近年来出现的为数不多的实证文献关注了渠道网络结构嵌入对惩罚行为(Antia & Frazier, 2001)、渠道关系形成与治理(Wuyts & Geyskens, 2005)、关系行为(尹洪娟等,2008)、企业价值创造(Swaminathan & Moorman, 2009)与零售绩效(Sweevers, Skinner & Dahlstrom, 2010)及渠道权力应用、冲突与满意(张闯,徐健,夏春玉,2010)的影响。其中,虽然张闯等(2010)在农户—企业构成的农产品渠道中检验了农户人际关系网络结构对企业渠道权力应用等行为的影响,但由于中国农业生产体制的特点,农产品渠道与传统 B2B 渠道存在着本质的差异(张闯等,2010),因而仍然有必要在 B2B 渠道背景下检验网络结构变量的影响机制,以进一步探测网络嵌入影响机制的理论边界。此外,虽然在二元分析范式下,渠道权力应用与冲突、合作关系的研究已经积累了很多研究文献,但在渠道网络背景下,上述变量间的关系是否会受到网络结构变量的调节性影响? 这样的问题在

[①] 本章部分内容发表于张闯、关宇虹:"营销渠道网络结构对渠道权力应用结果的放大与缓冲作用:社会网络视角",《管理评论》,2013(6):141—153。

现有文献中还没有得到回答。

基于上述理论空间,参照本书第 3 章定性研究的结论,本研究以社会网络结构嵌入为研究视角,参照 Antia 和 Frazier(2001)的操作方式,在制造商—经销商渠道背景中,突破传统二元渠道关系分析范式,将传统渠道行为研究中的"制造商—经销商"关系拓展为"制造商—经销商群体",重点考察经销商群体网络结构对渠道行为的影响机制。我们将引入社会网络理论中的两个重要的网络结构变量:网络密度(network density)和网络中心性(network centrality),一方面,检验经销商群体的网络密度和经销商的网络中心性对制造商渠道权力应用的影响;另一方面,实证检验上述网络结构变量对制造商权力应用与冲突、合作之间关系的调节作用。

4.1 理论与假设

4.1.1 社会网络嵌入、网络密度与网络中心性

社会网络是社会行动者及其相互之间关系的集合(Brass, et al., 2004)。社会网络理论对行为的解释由行为主体的属性转向行为主体间的关系,从相互独立的行为主体转向行为主体间相互联系所塑造的网络结构特征,认为嵌入在网络中的主体行为既受到其所在的二元关系内容与性质的影响,也受到其所在的更大范围网络的结构及其在网络中的位置的影响。社会网络理论将上述两种影响机制分别称为关系嵌入与结构嵌入(Granovetter, 1992),而网络密度和网络成员的网络中心性就是刻画网络结构特征的两个重要变量(Kilduff & Tsai, 2003)。

网络密度是指网络中所有成员之间的实际联系与其所展示的所有可能存在的联系数量的比率(Kilduff & Tsai, 2003),一个网络中成员之间实际联系的数量越是接近总的可能数量,网络的密度就越大。网络密度反映了该网络内聚性程度(Reagans & McEvily, 2003),根据社会网络理论,网络密度的增加会带来三种积极的结果:一是网络成员之间沟通效率的提高,由于网络成员之间存在广泛

的联系,信息可以顺畅地在网络中流通,为网络成员所共享(Rowley,1997;Brass,Butterfield & Skaggs,1998;Reagans & McEvily,2003);二是由于信息共享水平和信息沟通效率的提高,一些网络成员的行为规范也更容易在网络内扩散,从而在网络成员间形成交换的规范模式,进而形成共享的行为规范和行为期望(Galaskiewicz & Wasserman,1989);三是由于行为规范的形成和沟通效率的提高,网络成员之间更容易在观念与行为上达成一致(Rowley,1997)。这三个方面都对网络成员的行为及其结果有重要影响(Gnyawali & Madhavan,2001)。

成员的网络中心性是指成员在网络中占据中心位置的程度,它反映了某一成员在网络中所拥有的联系和占有的位置所赋予其对其他网络成员,以及网络中资源与信息流动的控制能力(Kilduff & Tsai,2003)。在社会网络理论中,一般从以下三个方面来衡量某个成员的中心性(Freeman,1979):一是点度中心性(degree centrality),指与该成员直接联系的网络成员数量,数量越多,该成员的点度中心性就越强。二是中间中心性(betweenness centrality),指该成员在多大程度上处于其他网络成员的"中间",如果一个成员处于许多其他成员交往的路径上,它就可能具有控制其他成员之间交往的能力。处于这种位置上的成员可以通过控制或曲解信息的传递而影响其他成员的态度与行为。三是接近中心性(closeness centrality),指某个成员与网络中其他成员接近的程度,它表示该成员不受他人控制的程度。网络成员的中心性反映的是某个特定的网络成员相对于其他成员的地位,在社会网络理论中,成员网络中心性的增加可以为其带来更大的影响力(Brass & Burkhardt,1993;Sparrowe & Liden,2005),有助于其提升获取网络信息与资源的能力(Tsai,2000)。

4.1.2 经销商网络密度对制造商权力应用方式的影响

在本研究背景中,某个制造商的经销商群体网络密度的增加对制造商权力应用方式的影响来自两个方面。一方面,经销商群体网络密度的增加提高了经销商之间信息交换的效率,这会使得制造商针对某一(或多个)经销商的各种渠道行为等相关信息为更多的经销商所共享,从而会影响更多经销商对制造商的态度。另一方面,经销商群体信息交换效率的提升,会增进经销商之间的相互了解与信任(Uzzi,1996),从而提高了经销商群体采取一致性态度与行为对待制造商渠道行为的概率(Rowley,1997)。对于制造商而言,不同的权力应用方式对经销商态度与行为的影响是不同的。强制性权力的应用往往伴随着强制性的指令或惩罚性的措施(Lusch & Brown,1982;Frazier & Summers,1986),这会令受到影响的经销商感觉其决策与行为的自主性受到了侵犯(Scheer & Stern,1992),经销商还会认为对其应用强制性权力的制造商在制造麻烦,而不是解决问题(Frazier & Rody,1991)。因此,受到影响的经销商可能在行为上表现为服从,但在信念上可能会走向与制造商背离的反面(Kasulis & Spekman,1980)。在高密度的经销商网络中,由于沟通成本的降低,受到制造商强制性权力影响的经销商更可能与其他经销商交换它们对制造商的看法,从而可能导致更多的经销商,乃至整个经销商群体对制造商形成消极的态度,在受到相同影响的经销商数量增加时,经销商群体就更有可能形成一致性的联盟来抵制制造商的行为(Antia & Frazier,2001;张闯等,2010),这显然会降低制造商的渠道绩效,增加制造商渠道管理的成本。

与强制性权力应用的影响不同,非强制性权力的应用往往伴随着制造商对经销商的各种支持与协助(Lusch & Brown,1982),受到非强制性权力影响的经销商会感觉到其对自身的决策与行为有更多的自主权与控制权(Scheer & Stern,1992),经销商还会认为制造商在致力于解决问题,而不是制造麻烦(Frazier & Rody,1991)。因此,受到影响的经销商对制造商的态度会产生积极的变化,即将制造商的价值标准内化(Kasulis & Spekman,1980)。显然,高密度的经销商网络有助于经销商群体交换它们关于制造商积极的看法,有利于提高经销商群体对制造商的归属感,从而有助于提升制造商的渠道绩效。由此,我们提出假设:

H1:经销商群体网络密度越大,制造商越倾向于(a)少应用强制性权力,(b)多应用非强制性权力。

4.1.3 经销商网络中心性对制造商权力应用方式的影响

与网络密度关注网络整体结构不同,网络成员的中心性反映了该成员在网络中的地位,而这种地位主要是由该成员在网络中所拥有的联系,及其在网络中的位置所决定的(Kilduff & Tsai,2003)。网络成员中心性的增加往往会提升该成员在网络中的信息与资源的获取能力和对其他网络成员获取信息与资源的控制能力。对于前者,成员网络中心性的增加有利于该成员更快地找到并获取其需要的信息和资源(Tsai,2000;Sparrowe,Liden,Wayne & Kraimer,2001);对于后者,成员网络中心性的增加提升了其在网络中的影响力(Brass & Burkhardt,1993;Rowley,1997;Sparrowe & Liden,2005)。在经销商网络中,由于经销商网络中心性可能会带来的影响,制造商在考虑应用权力方式时就必须要考虑其影响对象的网络中心性(Antia & Frazier,2001)。一方面,经销商的网络中心性越高,该经销商获取相关信息与资源的能力越强,这往往会带给该经销商较大的权力(Brass & Burkhardt,1993;Sparrowe & Liden,2005),对这样的经销商应用强制性权力就可能导致对方采用类似的方式进行报复(Kumar,Scheer & Steenkamp,1998;Kim,2000),从而会降低渠道绩效,提高制造商的渠道协调成本。另一方面,经销商的网络中心性越高,意味着该经销商在经销商群体中拥有的联系越广泛,该经销商可以通过控制其他经销商获得的信息内容与质量等途径对其他经销商的态度与行为施加影响。显然,制造商应用强制性权力带给高中心性经销商的消极感知,可能会导致其他更多经销商也产生对制造商的消极态度,从而对制造商的渠道绩效带来负面影响(Antia & Frazier,2001)。相反,制造商更多地应用非强制性权力,会降低权力应用的消极结果(Kim,2000),提升经销商群体在态度与行为上对制造商的积极结果。由此,我们提出假设:

H2:经销商的网络中心性越大,制造商越倾向于(a)少应用强制性权力,(b)多应用非强制性权力。

4.1.4 渠道权力应用方式对渠道冲突与合作的影响

强制性权力的应用主要是通过威胁、惩罚等方式来改变渠道伙伴的行为或态度,其作用机制是如果渠道伙伴不顺从就会招致损失(Lusch & Brown,1982;Frazier & Summers,1986)。对于受到影响的渠道成员而言,渠道伙伴强制性权力的应用往往令其感觉到对方在制造麻烦,阻碍其目标的实现(Frazier & Summers,1986;Frazier & Rody,1991),因此其行为的改变往往出于无奈。因而,制造商应用强制性权力会破坏渠道成员间亲密团结的合作氛围,降低渠道伙伴的合作意愿,激发渠道冲突(Gaski & Nevin,1985;Frazier & Rody,1991;Zhuang, et al.,2010;庄贵军,周筱莲,2002;庄贵军,席酉民,周筱莲,2007)。

非强制性权力的应用主要通过提供协助与支持等方式来改变渠道伙伴的行为或态度,其作用机制是如果渠道伙伴顺从的话,就会获得收益(Lusch & Brown,1982)。受到影响的渠道成员会感觉到其决策与行为的自主性受到了尊重(Scheer & Stern,1992),并且会将影响者的观念逐渐内化为自身的观念(Kasulis & Spekman,1980)。因此,非强制性权力的应用会增加对渠道伙伴的积极态度,促进双方的合作意愿,并提升渠道关系的合作水平,降低渠道冲突水平(Gaski & Nevin,1985;Frazier & Rody,1991;庄贵军,周筱莲,2002;庄贵军等,2007;Zhuang, et al.,2010)。因此,我们提出如下假设:

H3:制造商越多应用强制性权力,(a)其与经销商关系中的冲突水平越高,(b)合作水平越低。

H4:制造商越多应用非强制性权力,(a)其与经销商关系中的冲突水平越低,(b)合作水平越高。

4.1.5 经销商网络密度和网络中心性的调节作用

制造商强制性权力的应用往往会使受到影响的渠道成员以消极的态度对待制造商,在高网络密度的经销商群体中,信息流通速度快,扩散范围广,受制造商强制性权力影响的经销商更可能与其他经销商交换自己对制造商的看法,从而可能导致更多的经销商,乃至整个经销商群体对制造商形成消极的态度,当受到相同影响的经销商数量增加时,由于彼此之间的沟通与商议成本很低,经销商群体就更有可能形成联盟来共同抵制制造商的行为(Antia & Frazier,2001;张闯等,2010),这样就可能进一步降低双方的合作水平,乃至使冲突进一步升级。

与强制性权力作用结果相反,制造商非强制性权力的应用会使受到影响的经销商感觉到其决策与行为的自主权与控制权得到尊重(Scheer & Stern,1992),因而更倾向于将制造商的支持看作对自己的帮助。因此,受到影响的经销商会对制造商增加积极的态度,即将制造商的价值标准内化(Kasulis & Spekman,1980)。显然,高网络密度的经销商群体的成员之间更容易交换其对制造商的积极看法,而制造商良好声誉的传播与扩散,反过来又会促进双方的合作水平提升和冲突水平的下降。由此,我们提出以下假设:

H5a：经销商网络密度对制造商强制性权力应用与冲突之间的正相关关系有显著正向调节作用。

H5b：经销商网络密度对制造商强制性权力应用与合作之间的负相关关系有显著正向调节作用。

H5c：经销商网络密度对制造商非强制性权力应用与冲突之间的负相关关系有显著正向调节作用。

H5d：经销商网络密度对制造商非强制性权力应用与合作之间的正相关关系有显著正向调节作用。

在本研究背景中，某经销商的网络中心性越高，其获取相关信息与资源的能力越强，对网络中流动的各种信息、资源实施影响与控制的能力也越强，这往往会给其带来较大的影响力（Brass & Burkhardt，1993；Sparrowe & Liden，2005）。一旦制造商对其应用强制性权力，该经销商很有可能采用相似的方式对其报复（Kumar, et al.，1998；Kim，2000），这样一来，必然会降低双方的合作水平，加剧渠道关系的紧张程度，甚至激化矛盾，引起更深的冲突。另一方面，经销商的网络中心性越高，意味着其在经销商群体中拥有的联系越广泛，该经销商越有可能通过控制其他经销商所获信息的内容与质量等途径，对其他经销商的态度与行为施加影响。显然，如果制造商对高网络中心性的经销商应用了强制性权力，就会带给其以消极的感知，该经销商又会利用自己的中心地位，影响网络中其他成员对制造商的看法。这种消极态度的蔓延，必然会雪上加霜，使双方原有的合作水平降得更低，冲突水平升得更高。反之，如果制造商对高网络中心性的经销商应用非强制性权力，会带给其以积极的感知，该经销商同样会利用自己的独特地位，向网络中其他成员传递制造商的良好形象，这种积极态度的传播，必然会锦上添花，进一步增强双方原有的合作水平，降低冲突水平。由此，我们提出以下假设：

H6a：经销商网络中心性对制造商强制性权力应用与冲突之间的正相关关系有显著正向调节作用。

H6b：经销商网络中心性对制造商强制性权力应用与合作之间的负相关关系有显著正向调节作用。

H6c：经销商网络中心性对制造商非强制性权力应用与冲突之间的负相关关系有显著正向调节作用。

H6d:经销商网络中心性对制造商非强制性权力应用与合作之间的正相关关系有显著正向调节作用。

本研究概念模型如图4-1至图4-5所示。由于模型路径比较复杂,我们将经销商网络密度和网络中心性两个网络结构变量作为自变量和调节变量的模型予以分开,其中图4-1是两个网络结构变量作为自变量的模型;图4-2至图4-5是两个网络结构变量作为调节变量的模型。

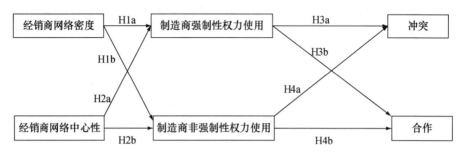

图4-1 网络变量作为自变量的概念模型

图4-2 调节作用模型1　　　　　图4-3 调节作用模型2

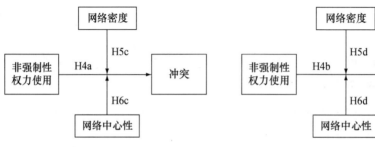

图4-4 调节作用模型3　　　　　图4-5 调节作用模型4

4.2 研究方法

4.2.1 样本与数据收集

我们参照渠道行为领域现有研究的主要操作方法,从制造商一边获得数据。为了保证样本企业分销商群体网络结构变量有充分的变异,我们将采用非排他性渠道结构的制造商作为抽样总体,即样本企业在区域市场内某一层面上拥有多个分销商(批发商或零售商)。为了保证调查的有效性,在实施问卷调查以前,我们对来自14个企业(包括制造商、经销商与零售商)的总经理、营销经理及采购经理进行了深度访谈。访谈的目的,一方面在于获得不同类型产品分销渠道的结构特征方面的信息;另一方面了解这些企业,尤其是制造商销售(市场)经理对渠道网络结构的认知情况。深度访谈为调查操作提供了有价值的指导性意见。

本研究的调查问卷有7页长,大约需要20—30分钟填写完成,其中包括一组李克特量表和一组旨在收集分类资料的多项选择题。为了提高调查问卷的回收率,我们委托一家专业市场调查公司实施调查。调查公司分别在广州、沈阳、长春、大连、郑州和西安等6个城市抽取样本,调查对象为生产制造商的销售(市场)经理(占36.7%)和业务员(主管)(占63.3%)等了解企业渠道状况的边界人员。调查方法如下:先根据调查计划中确定的样本要求,随机抽取样本企业;然后,通过电话联系符合调查要求的企业相关人员,在确认对方愿意接受调查以后,由调查员通过面对面访问的方式完成问卷调查。调查在2010年6—7月间进行,共发放问卷300份,剔除较为严重缺失信息的问卷以后,最终获得278份有效问卷,有效问卷回收率为92.7%。样本描述性统计特性如表4-1所示。

表 4-1 样本特征情况一览表

基本特征变量		频数	百分比	基本特征变量		频数	百分比
行业	纺织服装业	32	11.5	供求状况	产品供不应求	25	9.0
	机械制造业	11	4.0		产品供求基本平衡	219	78.8
	电气制造业	22	7.9		产品供过于求	34	12.2
	医疗器械制造业	10	3.6	竞争地位	有较大优势	51	18.3
	电子产品制造业	64	23.0		有优势	155	55.8
	食品饮料制造业	78	28.1		不好说	65	23.4
	软件行业	6	2.2		处于劣势	7	2.5
	其他制造业	55	19.8		处于较大劣势	0	0.0
公司性质	民营企业	143	51.4	销售收入	小于500万元	73	26.3
	国有企业	7	2.5		500万—2500万元	92	33.1
	集体企业	6	2.2		2500万—5000万元	31	11.2
	股份制企业	68	24.5		5000万元—1亿元	15	5.4
	外资企业	47	16.9		1亿—3亿元	23	8.3
	其他	7	2.5		3亿元以上	44	15.8

4.2.2 变量测量

本研究中的量表均来自前人研究中使用过的成熟量表,我们将英文翻译为中文,并在不改变原意的前提下,根据中国的具体情况对量表的问项作了相应的修改,使之更符合中国本土文化情境下的渠道关系。其中,经销商网络密度和网络中心性的测量题项来自 Antia 和 Frazier(2001),各包含3个题项;强制性权力应用和非强制性权力应用的测量题项来自 Gaski 和 Nevin(1985)与庄贵军等(2002),各包含4个题项;渠道冲突和渠道合作的测量题项来自庄贵军等(2007),各包含3个和4个题项。所有题项均采用5点李克特量表测量。

我们控制了一些对因变量可能产生影响的变量。根据现有研究,渠道权力(PO)和关系长度(RL)是影响渠道成员应用渠道权力,以及渠道冲突与合作的主要因素,因此我们将渠道权力和关系长度作为控制变量。其中,渠道权力的测量题项来自 Gaski 和 Nevin(1985)、庄贵军和周筱莲(2002),包含3个题项,采用5点李克特量表测量。渠道关系长度用渠道合作年限来衡量(1=少于1年;2=1—2年;3=2—5年;4=5年以上)。

4.2.3 量表信度与效度检验

第一,在信度方面,本研究所用量表的 Cronbach's Alpha 值介于 0.750—0.899 之间,超过了 0.6 的最低可接受水平。我们计算了量表的组合信度(composite reliability),各变量的组合信度(CR)都大于 0.7,说明此量表的内部一致性较高(见表 4-2)。

第二,我们采用 AMOS7 进行验证性因子分析(CFA),得到模型拟合指数: $\Delta\chi^2/df = 1.790$, $RMSEA = 0.053$, $IFI = 0.931$, $CFI = 0.929$, $NNFI = 0.916$, $GFI = 0.890$。结果显示,所有题项因子的标准载荷均大于 0.5 的门槛值,而且都在 $p < 0.001$ 的水平上显著,变量平均抽取方差(AVE)都大于 0.5,说明量表中的各变量有较好的聚敛效度,上述检验结果见表 4-2。

表 4-2 验证性因子分析结果

测量变量	题项内容	因子载荷
强制性权力的使用(CEP) $\alpha = 0.813$ $AVE = 0.525$ $CR = 0.815$	CEP1 拒绝出货或威胁将要取消出货	0.714
	CEP2 提醒该分销商在合同中所规定的必须执行的一些条款	0.683
	CEP3 要求该分销商合作,但不指明对方接受与否可能引起的后果	0.773
	CEP4 要求该分销商合作,但并不给予对方任何报酬	0.724
非强制性权力的使用(NEP) $\alpha = 0.812$ $AVE = 0.529$ $CR = 0.816$	NCEP1 为该分销商提供我公司所拥有的市场或销售信息	0.607
	NCEP2 给该分销商一些具体的行为建议,向他们描绘这些行为将带来的对双方的益处	0.749
	NCEP3 向该分销商许诺现金奖励,用于表彰新客户开发	0.810
	NCEP4 向该分销商提供随时进行下单采购的许可	0.728
渠道冲突(CO) $\alpha = 0.779$ $AVE = 0.546$ $CR = 0.782$	CO1 该分销商经常增加我公司开展工作的难度	0.746
	CO2 该分销商有时会阻碍我公司实现我们自己的利益	0.799
	CO3 我们和该分销商代表之间存在个人性格上的冲突	0.665
渠道合作(COO) $\alpha = 0.802$ $AVE = 0.507$ $CR = 0.804$	COO1 出现问题时,我公司和该分销商会共同承担责任	0.664
	COO2 当执行不能达到合同规定目标时,我们按照谅解的原则解决	0.771
	COO3 当出现争议时,我们按照谅解的原则处理或解决	0.740
	COO4 当出现偶发事件时,我们以相互谅解的原则来应对	0.666

（续表）

测量变量	题项内容	因子载荷
网络密度（ND） α = 0.899 AVE = 0.759 CR = 0.904	ND1 我们的分销商之间的交流ᵃ __非常频繁 __比较频繁 __一般 __比较少 __非常少	0.912
	ND2 我们的分销商之间一起讨论他们共同问题的情况ᵃ __经常 __比较经常 __一般 __比较少 __很少	0.880
	ND3 我们的分销商之间的关系ᵃ __甚为密切 __比较密切 __一般 __不太密切 __不很团结	0.819
网络中心性（DC） α = 0.765 AVE = 0.527 CR = 0.770	DC1 该分销商在贵公司分销商群体中ᵃ __根本不活跃 __不怎么活跃 __一般 __比较活跃 __非常活跃	0.704
	DC2 该分销商对贵公司的销售渠道ᵃ __根本不重要 __不太重要 __一般 __比较重要 __至关重要	0.752
	DC3 此经销商是经销商群体中的关键一员	0.721
渠道权力（PO） α = 0.750 AVE = 0.502 CR = 0.751	PO1 如果要求分销商改变对你们公司产品的客户服务方式，那么分销商响应的程度会是多少？	0.680
	PO2 如果要求分销商改变对你们公司产品的订货程序，那么分销商响应的程度会是多少？	0.765
	PO3 如果要求分销商改变对你们公司产品的质保政策，如增加或减少"三包"的内容，那么分销商响应的程度会是多少？	0.678
模型拟合指数	CMIN/DF = 1.790，RMSEA = 0.053，IFI = 0.931，CFI = 0.929，NNFI = 0.916，GFI = 0.890	

注：ᵃ为语义区分量表，其余为李克特量表。

第三，我们采用 Δ 卡方值的手段来检验变量之间的判别效度。具体来说，对于两个需要作判别效度检验的潜变量，首先建构一个未限制的模型，即对潜变量间的共变关系不加以限制，共变参数为自由估计参数。其次建构一个限制模型，即将潜变量间的共变关系限制为 1，为固定参数。最后比较两个模型之间卡方值的差异，如果卡方值差异大于 3.84（$p < 0.05$），则表示两个变量之间存在显著差异，即判别效度显著；如果卡方值差异小于 3.84（$p > 0.05$），则表示两个变量之间不存在显著差异，即判别效度不显著，结果见表 4-3。

表 4-3 判别效度检验

△卡方值	CEP	NCEP	CO	COO	ND	DC	PO
CEP							
NCEP	64.771						
CO	84.984	154.705					
COO	214.732	142.606	219.137				
ND	164.110	131.136	162.947	148.477			
DC	139.349	126.904	169.780	156.944	121.517		
PO	143.865	94.685	196.106	155.379	145.744	167.946	

从表 4-3 可以看出,所有变量之间的卡方值差异均大于 3.84($p<0.05$),说明各个变量之间存在明显差异,判别效度良好。各个变量的均值、标准差与相关系数如表 4-4 所示。

表 4-4 变量的均值、标准差和相关系数表

	均值	CEP	NCEP	CO	COO	ND	DC	PO	RL
CEP	2.247	0.883							
NCEP	3.130	0.361***	0.878						
CO	2.307	0.354***	0.098	0.784					
COO	3.644	-0.143*	0.233***	-0.115	0.649				
ND	3.298	0.030	0.260***	0.081	0.325***	0.846			
DC	3.791	0.058	0.184**	-0.024	0.173**	0.145*	0.668		
PO	3.223	0.052	0.276***	-0.061	0.221***	0.239***	0.077	0.761	
RL	5.720	-0.070	0.121*	-0.108	0.221***	0.012	0.254***	0.045	3.684

注:(1) *** 表示 $p<0.001$(双尾检验),** 表示 $p<0.01$(双尾检验),* 表示 $p<0.05$(双尾检验);(2)对角线上为相应变量的标准差。

4.2.4 同源偏差检验

针对问卷调查中可能出现的同源偏差(Common Method Biases)问题,我们采用 Podsakoff 等(2003)的建议,用 Harman 单因素检验(single factor test)的方法来检验本研究数据的同源偏差程度。我们将所有变量的测量项目放在一起,作探索性因子分析。结果显示,解释变量变异所必需的最少因子数为 7 个,并未析出

单一因子。另外,析出的7个因子,解释了总变异量的69.48%,其中第一主成分解释了11.12%的变异量,说明数据中并不存在能够解释绝大部分变异量的单一因子。因此,本研究数据的同源偏差问题不是很严重。

4.3 数据分析与结果

本研究采用多元层次回归分析法进行数据分析,以验证理论假设。首先,为检验假设1和假设2,我们以网络密度和网络中心性为自变量,强制性权力应用或非强制性权力应用为因变量,并将权力和关系长度作为控制变量进行回归分析。考虑到强制性权力应用和非强制性权力应用之间的相关关系,我们借鉴庄贵军等(2008)的做法,在针对强制性权力应用的回归模型中,放入非强制性权力应用作为控制变量;反之亦然。其次,为检验假设3至假设6,我们分别以强制性权力应用和非强制性权力应用为自变量,以网络密度和网络中心性为调节变量,以渠道权力和关系长度为控制变量,通过回归分析来检验渠道权力应用对冲突、合作的影响,以及网络密度和网络中心对上述变量之间关系的调节作用。在检验调节作用时,为了降低多重共线性的影响,我们对自变量和调节变量进行了中心化处理,然后用中心化后的自变量和调节变量构造乘积项。回归结果表明,没有方差膨胀因子大于2的变量,说明回归模型不存在严重的多重共线性问题。多元层次回归分析结果如表4-5至表4-7所示。

如表4-5所示,在强制性权力应用(CEP)模型 II 中,ND($\beta = -0.066$, $p > 0.1$)和DC($\beta = 0.029, p > 0.1$)的系数均不显著,这表明经销商群体的网络密度(ND)和网络中心性(DC)对制造商强制性权力应用(CEP)均没有显著影响,因此假设H1a和假设H2a没有得到支持。在非强制性权力应用(NCEP)模型 II 中,ND($\beta = 0.187, p < 0.01$)和DC($\beta = 0.093, p < 0.1$)的系数均为正且显著,这表明经销商群体的网络密度(ND)和网络中心性(DC)对于制造商非强制性权力应用(NCEP)均有显著正向影响,这与假设H1b和假设H2b一致。此外,从表中还可以看出,PO对NCEP($\beta = 0.252, p < 0.001$)有显著正向影响,但对CEP($\beta = -0.051, p > 0.1$)没有显著影响,这表明制造商的渠道权力越大,越会多应用非强制性权力。RL 对 CEP 和 NCEP 分别有负向($\beta = -0.114, p < 0.05$)和正向($\beta = 0.134, p < 0.05$)显著影响,这表明渠道关系持续的时间越长,制造商越会少应用强制性权力而多应用非强制性权力。

在渠道冲突(CO)模型Ⅱ中,CEP 对 CO 有显著正向影响($\beta = 0.352, p < 0.001$),这表明制造商越多应用强制性权力,渠道冲突水平越高,这与假设 H3a 一致;NCEP 对 CO 无显著影响($\beta = 0.001, p > 0.1$),这表明制造商应用非强制性权力对渠道冲突无显著影响,因而 H4a 被拒绝。此外,PO($\beta = -0.057, p > 0.1$)对 CO 无显著影响,而 RL($\beta = -0.105, p < 0.1$)对 CO 有显著负向影响,这表明渠道关系持续的时间越长,渠道冲突水平越低。

在渠道合作(COO)模型Ⅱ中,CEP 对 COO 有显著负向影响($\beta = -0.231, p < 0.001$),这表明制造商越多应用强制性权力,渠道合作水平越低,因而 H3b 获得支持。NCEP 对 COO 有显著正向影响($\beta = 0.253, p < 0.001$),这表明制造商越多使用非强制性权力,渠道合作水平越高,因此 H4b 也通过检验。此外,PO($\beta = 0.211, p < 0.001$)和 RL($\beta = 0.211, p < 0.001$)均对 COO 有显著正向影响,这表明制造商的渠道权力越大、渠道关系持续的时间越长,渠道成员间的合作水平越高。

表 4-5 多元层次回归分析结果一:标准系数

变量	CEP 模型 (Ⅰ)	CEP 模型 (Ⅱ)	NCEP 模型 (Ⅰ)	NCEP 模型 (Ⅱ)	CO 模型 (Ⅰ)	CO 模型 (Ⅱ)	COO 模型 (Ⅰ)	COO 模型 (Ⅱ)
ND		-0.066		0.187**				
DC		0.029		0.093†				
CEP			0.357***	0.347***		0.352***		-0.231***
NCEP	0.338***	0.398***				0.001		0.253***
PO	-0.051	-0.039	0.252***	0.201***	-0.057	-0.076	0.211***	0.155**
RL	-0.114*	-0.123*	0.134*	0.110*	-0.105†	-0.080	0.211***	0.167**
F 值	15.553***	9.591***	24.929***	19.084***	2.076	10.943***	14.141***	13.292***
Ad-R^2	0.136	0.134	0.206	0.246	0.008	0.126	0.087	0.151

注:*** 表示 $p < 0.001$(双尾检验),** 表示 $p < 0.01$(双尾检验),* 表示 $p < 0.05$(双尾检验),† 表示 $p < 0.1$(双尾检验)。

表4-6报告了经销商网络密度对制造商强制性与非强制性权力应用对冲突与合作影响的调节作用的检验结果。如该表所示,对于渠道冲突模型CO_{ND}而言,在CO_{ND}的第四个回归模型(模型Ⅳ)中,CEP的回归系数显著不为0且为正($\beta = 0.365, p < 0.001$),但是CEP × ND的回归系数不显著($\beta = -0.027, p > 0.1$)。这说明经销商网络密度对制造商强制性权力的应用与冲突之间的正相关关系没有调节作用。因此,假设H5a没有得到支持。同样,在CO_{ND}的第五个回归模型(模型Ⅴ)中,NCEP和NCEP × ND的回归系数均不显著,这说明经销商网络密度对制造商非强制性权力应用与冲突之间的关系没有显著调节作用。因此,假设H5c也没有得到支持。

对于合作模型COO_{ND}而言,在COO_{ND}的第四个回归模型(模型Ⅳ)中,CEP的回归系数显著不为0且为负($\beta = -0.245, p < 0.001$),而CEP × ND的回归系数显著不为0且为正($\beta = 0.125, p < 0.05$)。这说明经销商网络密度会强化制造商强制性权力应用与合作之间的负相关关系。因此,假设H5b通过检验。在COO_{ND}第五个回归模型(模型Ⅴ)中,NCEP的回归系数显著不为0且为正($\beta = 0.202, p < 0.001$),并且NCEP × ND的回归系数显著不为0且为正($\beta = 0.175, p < 0.001$)。这说明经销商网络密度会强化制造商非强制性权力应用与合作之间的正相关关系。因此,假设H5d得到支持。

经销商网络中心性对制造商强制性和非强制性权力应用与渠道冲突和合作间关系调节作用的检验结果如表4-7所示。对于冲突模型CO_{DC}而言,在CO_{DC}的第四个回归模型(模型Ⅳ)中,CEP的回归系数显著不为0且为正($\beta = 0.383, p < 0.001$),而且CEP × DC的回归系数显著不为0且为负($\beta = -0.170, p < 0.01$)。这说明经销商网络中心性对制造商强制性权力应用与冲突之间的正相关关系起负向调节作用,即弱化上述关系,这与假设H6a的预测相反,因而假设H6a被拒绝。而在CO_{DC}的第五个回归模型(模型Ⅴ)中,NCEP的回归系数不显著($\beta = 0.006, p > 0.1$),但NCEP × DC的回归系数为负却显著($\beta = -0.166, p < 0.01$)。这说明经销商网络中心性会弱化制造商非强制性权力应用与冲突之间的关系。但是,如前所述,制造商非强制性权力应用与冲突之间的相关关系却是不明显的,因此,虽然未能明确调节作用的强度,但是结果依然表明经销商网络中心性对制造商非强制性权力应用与冲突之间的关系会起负向调节作用,这与假设H6c的预测相反。

表 4-6 多元层次回归分析结果二：标准系数

变量	CO_{ND} 模型					COO_{ND} 模型				
	(Ⅰ)	(Ⅱ)	(Ⅲ)	(Ⅲ)	(Ⅴ)	(Ⅰ)	(Ⅱ)	(Ⅲ)	(Ⅳ)	(Ⅴ)
CEP		0.352***	0.359***	0.365***	0.363***		-0.231***	-0.214***	-0.245***	-0.223***
NCEP		0.001	-0.022	-0.025	-0.027		0.253***	0.192**	0.205**	0.202**
ND			0.099†	0.103†	0.091			0.253***	0.236***	0.271***
CEP × ND				-0.027					0.125*	
NCEP × ND					-0.079					0.175***
PO	-0.057	-0.076	-0.094	-0.092	-0.084	0.211***	0.155**	0.110†	0.103†	0.089
RL	-0.105†	-0.080	-0.077	-0.079	-0.076	0.211***	0.167***	0.175***	0.181***	0.172***
F 值	2.076	10.943***	9.374***	7.826***	8.162***	14.141***	13.292***	15.395***	13.873***	15.109***
Ad-R^2	0.008	0.126	0.131	0.129	0.134	0.087	0.151	0.206	0.218	0.234

注：*** 表示 $p<0.001$（双尾检验），** 表示 $p<0.01$（双尾检验），* 表示 $p<0.05$（双尾检验），† 表示 $p<0.1$（双尾检验）。

表 4-7 多元层次回归分析结果三:标准系数

变量	CO_{DC}模型					COO_{DC}模型				
	(Ⅰ)	(Ⅱ)	(Ⅲ)	(Ⅳ)	(Ⅴ)	(Ⅰ)	(Ⅱ)	(Ⅲ)	(Ⅳ)	(Ⅴ)
CEP		0.352***	0.353***	0.383***	0.357***		−0.231***	−0.233***	−0.262***	−0.236***
NCEP		0.001	0.004	−0.002	0.006		0.253***	0.240***	0.246***	0.238***
DC			−0.020	−0.038	−0.032			0.094	0.111†	0.102†
CEP × DC				−0.170**					0.161**	
NCEP × DC					−0.166**					0.111*
PO	−0.057	−0.076	−0.076	−0.066	−0.052	0.211***	0.155**	0.153**	0.143*	0.137*
RL	−0.105†	−0.080	−0.075	−0.063	−0.071	0.211***	0.167**	0.145*	0.133*	0.142*
F 值	2.076	10.943***	8.749***	9.008***	8.956***	14.141***	13.292***	11.224***	10.995***	10.115***
Ad-R^2	0.008	0.126	0.123	0.148	0.147	0.087	0.151	0.156	0.178	0.165

注:"***"表示 $p < 0.001$(双尾检验),"**"表示 $p < 0.01$(双尾检验),"*"表示 $p < 0.05$(双尾检验),"†"表示 $p < 0.1$(双尾检验)。

对于合作模型 COO_{DC} 而言,在 COO_{DC} 的第四个回归模型(模型Ⅳ)中,CEP 的回归系数显著不为 0 且为负($\beta = -0.262, p < 0.001$),CEP × DC 的回归系数显著不为 0 且为正($\beta = 0.161, p < 0.01$)。这说明经销商网络中心性会强化制造商强制性权力应用与合作之间的负相关关系。因此,假设 H6b 得到支持。在 COO_{DC} 的第五个回归模型(模型Ⅴ)中,NCEP 的回归系数显著不为 0 且为正($\beta = 0.238, p < 0.001$),而 NCEP × ND 的回归系数为正且显著($\beta = 0.111, p < 0.05$)。这说明经销商网络中心性对制造商非强制性权力应用与合作之间的正相关关系会起正向调节作用。因此,假设 H6d 得到支持。

4.4 讨论与结论

4.4.1 经销商网络结构对制造商权力应用的影响

实证研究结果表明,经销商网络密度和网络中心性对制造商应用强制性权力均没有显著影响。其中,关于网络密度的发现与张闯等(2010)在农产品渠道中的发现不同,该研究发现农户的网络密度对企业应用强制性权力有显著负向影响。这种差异可以用两个渠道的特点和网络密度的作用机制来解释。网络密度对渠道行为的作用机制主要体现在更快的信息流动、行为规范的形成与扩散,以及一致性行为的形成(Rowley, 1997)。在农产品渠道中,与某个企业有交易关系的农户往往在地理区域上是非常集中的,如都是居住在同一个村子里的农户(张闯等,2010)。农村社会相对封闭的特征会使得这些聚居农户之间的人际关系网络密度处于非常高的状态,这不仅会加速信息在网络内的流动,农户之间更有可能达成观念与行为上的联盟来一致对外(企业)。因此,面对这样的农户群体,企业会比较谨慎地应用渠道权力,如更多地应用非强制性权力、较少地应用强制性权力以避免渠道管理的成本(张闯等,2010)。而在 B2B 渠道中,经销商之间网络密度的增加虽然会加速信息的流动,但这些经销商往往分布在不同的市场区域内,经销商之间要形成联盟的动员成本会非常高,相较于农户而言,这样的联盟更难形成。因此,在两个不同的渠道背景中,网络密度对渠道权力应用的影响机制可能是存在差异的。在农产品渠道中,农户网络密度对企业应用强制性权力的显著负向影响实际上体现了企业对农户结成联盟的考虑,因为相对于应用非强制性权力来说,应用强制性权力更容易诱发联盟的形成(布劳,1988)。而在 B2B 渠道中,经销商形成联盟的可能性是非常低的,因而企业在应用强制性权力时可能就不会太多地考虑经销商群体的网络密度问题。

两个研究都发现渠道成员的网络中心性对企业应用强制性权力没有显著影响,在农产品渠道中,张闯等(2010)将其归结为企业—农户关系中权力结构的过度失衡,但我们在权力结构不那么失衡的 B2B 渠道中仍然没有发现中心性的影响,这可能与企业应用强制性权力的机制有关。现有文献关于强制性权力应用的研究结果表明,企业应用强制性权力可能与渠道关系的性质,如关系内的信任水平、关系持续的预期(Kim,2000)、渠道关系中的权力结构(Zhuang, Herndon & Zhou,2006)、问题领域(Antia & Frazier,2001)及渠道情境(Frazier & Rody,1991)等因素有关,因而渠道成员应用强制性权力呈现出更多的权变特征。一方面,网络密度和中心性是表征网络结构的两个变量,由于网络结构本身抽象掉了诸如关系性质、问题领域以及渠道情境等内容,因而导致它们对强制性权力应用缺少了解释力(Uzzi,1996;Dacin, Ventresca & Beal,1999);另一方面,这一结果也可能与本研究设计有关,我们的调查没有严格地将样本限定在某个或少数行业内,这可能导致渠道情境等因素缺少明确的结构,从而对上述变量关系带来了影响。显然,这一推论还有待未来的研究进行检验。

4.4.2　经销商网络密度的调节作用

本研究表明经销商网络密度对于制造商权力应用与合作之间关系的调节作用得到了支持(假设 H5b 和假设 H5d),即经销商网络密度会强化制造商强制性权力应用与合作之间的负相关关系,以及制造商非强制性权力应用与合作之间的正相关关系。但经销商网络密度对于制造商权力应用与冲突之间关系的调节作用没有得到支持(假设 H5a 和假设 H5c)。这可能和冲突与合作的差异有关,冲突并不能被简单地认为是合作的对立面,双方也不是此消彼长的关系(Stern & Reve,1980)。因此,经销商网络密度对于制造商权力应用与合作之间的关系起正向调节作用,并不意味这种作用对于冲突也有效。因为合作水平的降低并不一定意味着冲突水平的提升,因此,网络密度的调节作用在面对冲突时可能无能为力。另一种可能的解释就是,冲突的发生、发展是一个过程,而网络密度对关系双方渠道冲突的调节作用讨论的是对原有冲突的强化或弱化作用,这就更需要在一个时间段内考察冲突的发展过程(Koza & Dant,2007)。对于制造商和高网络密度的经销商群体而言,冲突的发展可能有两种情况:一种情况,高网络密度意味着经销商群体之间的沟通与商议成本很低,大家更容易达成观念与行为上的一致性。此时,如果此经销商与其他经销商的利益息息相关,此经销商就可能通过动员经销商群体中的其他成员,给制造商以群体压力,这时双方的冲突就可能进一步升级。当然,也有另一种情况,此经销商也可能动员经销商群体中的其他成员,联合起来和制造商谈判,这时经过多方的努力,有可能缓解双方之间原有的冲突。无论何种情况,从沟通商议直至最后共同行动,都需要一个时间过程,在这个时间过程中考虑冲突的发展,可能更为科学。

4.4.3　经销商网络中心性的调节作用

实证研究表明,经销商网络中心性对制造商强制性权力应用与合作之间的负相关关系(假设 H6b)和制造商非强制性权力应用与合作之间的正相关关系(假设 H6d)均有显著的正向调节作用。但与本研究假设的方向相反,经销商网络中心性会弱化制造商权力应用与冲突之间的关系(假设 H6a 和假设 H6c),即经销商网络中心性对制造商强制性权力应用与冲突之间的正相关关系和制造商非强制性权力应用与冲突之间的关系都有显著负向调节作用。对此,我们解释如下:经销商的网络中心性意味着其在经销商群体中占据着中心地位、拥有着广泛的联系和较大的渠道权力。一旦制造商和这样的经销商之间存在渠道冲突,一方面,出于对自身利益的考虑,二者均不愿意看到冲突升级,更不愿意看到权力水平"势均力敌"的双方最终"两败俱伤",所以在这种情况下,无论经销商还是制造商都有化解渠道冲突的意向。因为过高水平的冲突会对渠道绩效产生负面影响,但如果将渠道冲突水平控制在一定范围之内,就可能会对渠道绩效产生积极影响(Rosenbloom,1973),据此,双方均有把渠道冲突控制在一定水平以内的动机。另一方面,光有控制冲突的意愿还不够,重要的是要有控制冲突的可行性。由于此经销商的网络中心性很高,这就意味着其在经销商群体中有着重要的身份,一旦双方产生矛盾与冲突,就更容易和制造商直接对话,利用双方便捷的沟通渠道,共同解决问题,化解争端,谋求和解,这样就会对原有的渠道冲突起弱化作用。

4.4.4 渠道权力应用对冲突与合作的影响

研究表明,制造商越多应用强制性权力,其与经销商关系中的冲突水平越高(假设 H3a),而与经销商关系中的合作水平越低(假设 H3b);制造商越多应用非强制性权力,其与经销商关系中的合作水平越高(假设 H4b),这与其他一些研究的结论一致(Sibley & Michie,1982;Skinner,et al.,1992;庄贵军,周筱莲,2002;庄贵军等,2007;Zhuang, et al.,2010)。但本研究发现制造商非强制性权力的应用对冲突没有显著影响(假设 H4a),这虽然与一些现有文献的发现不一致(Lusch,1976;Brown & Lusch,1983;Frazier & Rody,1991),但却与一些以中国市场为背景的研究发现一致(庄贵军,周筱莲,2002;庄贵军等,2007;Zhuang, et al.,2010)。在中国市场背景中,一方面,中国的商业文化讲究"和气生财""以和为贵",认为合作伙伴间应尽量避免冲突(Zhuang, et al.,2010)。对于制造商而言,会谨慎地应用强制性权力,秉持的原则是非万不得已不为之;对于经销商而言,会对制造商强制性权力的应用更为敏感,对关系双方冲突的感知也更为深刻。一旦冲突发生,说明渠道关系中的矛盾被激化出来了,这时如果制造商想修复双方之间的裂痕,采取向经销商提供信息、协助等支持方式,可能并不能直接降低冲突水平。因为经销商可能认为制造商非强制性权力的应用所带来的收益只是表面的,并不能修补双方情感上的伤痕和深层次的冲突。另一方面,相对于强制性权力应用的结果而言,非强制性权力应用的结果往往需要很长的时间才能体现出来(Frazier & Rody,1991),因此渠道关系中的冲突水平是否因非强制性权力的应用而降低,需要在一定的时间范围内进行考虑,而本研究选取的是截面数据,并非时间序列数据,所以很难在一个时间点上反映出其作用。

4.4.5 理论贡献

首先,在过去的四十余年中,以渠道权力、冲突与合作理论为代表的渠道行为理论日趋成熟(Frazer,1999),虽然积累了非常丰富的研究文献,但现有研究仍未突破二元分析范式,渠道网络结构对渠道行为的影响机制仍然没有得到充分关注(Antia & Frazier,2001;Van Den Butle & Wuyts,2007)。本研究在传统渠道权力、冲突与合作研究文献的基础上,从社会网络结构嵌入的角度尝试将渠道网络结构变量纳入分析框架,并实证性地检验了渠道网络密度和渠道成员网络中心性对渠道权力应用的影响,以及对渠道权力应用与冲突、合作间关系的调节作用。实证研究发现,渠道网络结构不仅会对渠道权力应用行为产生直接影响,还会作为调节变量增强或削弱渠道权力应用对渠道冲突与合作的影响。本研究丰富与拓展了传统渠道权力、冲突与合作的研究,同时也充分表明有必要继续加强渠道网络结构对渠道行为影响的研究。

其次,比照现有研究(张闯等,2010),本研究发现渠道网络变量在不同渠道背景中的作用机制是存在差异的。在渠道成员之间直接联系较为紧密,并且处于相同地理区域内的农产品渠道中,农户网络密度的作用机制体现为沟通信息和基于低动员成本的联盟;而在地理区域上经销商分布分散的B2B渠道中,网络密度的作用则更多地表现为对信息沟通的促进,而渠道成员之间联盟的形成可能会受到高动员成本的阻碍,这造成了面对不同渠道成员网络的企业在选择渠道权力应用方式时呈现出不同的差异。因而在将渠道网络结构变量纳入渠道行为研究框架时,需要关注渠道背景的影响。

最后,本研究对网络结构变量的操作方法进行了有益的尝试。由于诸如营销渠道这样的企业间网络的边界较为模糊、难以界定,这使得研究者难以相对准确地测量网络密度和网络中心性(Marsden,1990,2005;张闯,2011)。IMP集团的网络图景理论(network picture theory)为我们提供了此问题的可能解决思路。该理论认为,虽然企业所处的网络结构是一种客观存在,但处于网络中的企业却依照其管理人员对其所在网络若干属性的主观感知来进行管理决策(Henneberg, et al.,2006;Mouzas, Henneberg & Naudé,2008;Ramos & Ford,2011)。这一观点的重要启示在于:对于企业网络的研究而言,如果完全客观地测量网络的结构属性存在困难的话,采用主观感知的方法来进行研究操作可能是一种可行的替代方法。Antia和Frazier(2001)首先在特许渠道中采用了这一操作方式,本研究在定性研究的基础上,参照该研究开创的操作方式,在更为一般的渠道背景下对渠道网络结构变量进行了测量,研究结果显示这是一种可行的操作方式,有一定的适用性,可以为后续的研究所借鉴。

4.4.6 管理建议

本研究发现对于企业的渠道管理具有以下三点启示:

首先,制造商在对经销商应用渠道权力时,除了需要关注二元渠道关系的性质以外,还需要考虑经销商群体网络结构因素。经销商群体联系的紧密程度以及某个经销商在网络中的地位都会影响权力应用的结果。因而,从网络的角度着眼于渠道权力应用方式的选择可以更为有效地管理经销商渠道关系。

其次,权力应用方式对渠道合作具有重要影响,频繁地应用强制性权力会导致渠道关系内合作水平的降低;而更多地应用非强制性权力则会提升渠道内的合作水平。因此,制造商若要提升渠道合作水平,就要抑制强制性权力的应用。

最后,不同的权力应用方式对渠道冲突有不同的影响。频繁地应用强制性权力会导致更高水平的渠道冲突,而非强制性权力的应用则不会对渠道关系的冲突水平产生影响。当经销商更多地将冲突与制造商应用强制性权力联系起来时,抑制强制性权力的应用对于降低关系内的冲突水平就显得格外重要了。

5 渠道关系强度对渠道权力应用的影响:渠道关系嵌入的视角[①]

从社会网络理论的角度来看,渠道网络对渠道行为的影响来自两个方面:网络结构和关系的内容与性质,社会网络理论将这两种影响机制分别称为结构嵌入和关系嵌入(Granovetter,1992)。在有关 B2B 的营销文献中,关系嵌入被定义为交易双方的互惠与亲密程度(Rindfleisch & Moorman,2001),它包括行为与情感两个方面,并且这两个方面对企业行为的影响是存在差异的(Stanko,Bonner & Calantone,2007)。并且近年来越来越多的学者强调需要关注 B2B 关系中的情感要素的作用,以及关系中情感与行为要素作用机制的差异(Kidwell,Hardesty,Murtha & Sheng,2011;Tähtinen & Blois,2011)。就渠道权力的研究而言,在过去近四十年的研究中,研究文献虽然已经非常丰富,但却鲜有文献从关系嵌入的角度来探索影响企业渠道权力应用的因素,目前尚未发现对渠道关系强度的影响作用进行实证研究的文献。近年来,一些以中国市场为背景的研究关注了渠道边界人员私人关系(*guanxi*)对企业权力应用的影响(庄贵军,席西民,2004;庄贵军等,2007;Su, et al.,2009;Zhuang, et al.,2010;Chen, Ellinger & Tian,2011),这体现了渠道关系嵌入的研究视角,但私人关系是一个多维度复杂的变量,现有研究倾向于从整体上测量私人关系,并没有有效区分关系状态、关系行为与关系规范(庄贵军,2012),当然既无法反映私人关系强度的影响,也无法区分关系中情感与行为的不同作用。基于此,本研究将社会网络理论中的关系强度(tie strength)变量引入渠道权力理论研究框架,并从关系嵌入的角度实证性地考察渠道关系强度的不同维度对企业渠道权力应用行为的影响。

将关系强度引入渠道权力研究框架主要基于以下三点原因:一是关系强度可以体现关系嵌入的程度(Provan,1993;Rowley, Behrens & Krackhardt,2000;

[①] 本章部分内容发表于张闯、张涛、庄贵军:"渠道关系强度对渠道权力应用的影响:关系嵌入视角",《管理科学》,2012,25(3):56—68。

Dhanarj, Lyles, Steensma & Tihanyi, 2004; Yang, Zhou & Jiang, 2011);二是关系强度的四个维度(关系长度、情感强度、亲密程度与互惠程度)包含了行为与情感两个方面,并且更为强调关系中的情感要素(Marsden & Campbell, 1984; Krackhardt, 1992),这为本研究提供了检验关系嵌入的行为与情感维度对渠道权力应用影响的机会;三是考察关系强度变量所有四个维度对渠道权力应用的影响,也有利于弥补现有文献中将关系强度作为一个单维变量从整体上测量组织间关系的强度(Rowley, et al., 2000; Wathne, Biong & Heide, 2001;姜翰,金占明,2008;Yang, et al., 2011),或者只关注组织间关系强度的某个维度(Hansen, 1999; Uzzi, 1999; McEvily & Zaheer, 1999; Uzzi & Gillespie, 2002; Reagans & McEvily, 2003; Wuyts, et al., 2004)的不足。

5.1 理论与假设

5.1.1 关系强度

关系强度指关系双方联系的紧密性程度,可以通过关系主体在关系中所花费的时间、情感投入程度、亲密程度以及互惠性服务等来定义(Granovetter, 1973)。在社会网络理论中,关系强度文献主要关注的是两个或更多行动者关系联结的性质,以及这种性质对行动者行为与绩效的影响。在研究操作中,学者们一般将关系强度分为强关系(strong tie)和弱关系(weak tie)两种。其中,强关系是指那些持久的、经常联系和关系内有高水平的情感亲密性、互惠性的关系(Krackhardt, 1992; Rindfleisch & Moorman, 2001);而弱关系则指那些偶尔发生的、疏远的关系(Granovetter, 1973)。在 Granovetter(1973)最初的"弱关系的强度"理论中,为了突出弱关系对信息获取的重要价值,Granovetter 实际上只强调了关系强度的结构嵌入观点,即行动者所拥有的网络结构特征对其行为与绩效的影响,而对关系的内容与性质,即关系嵌入视角关注不多。近年来越来越多的文献开始关注关系强度的关系嵌入观点,通过考察关系中情感与互惠性等维度来检验关系嵌入对行为与绩效的影响。相对于由网络结构决定的弱关系的作用而言,强关系的作用在于行动者进入关系的动机,以及关系内的情感、行为等方面的紧密联系(Rindfleisch & Moorman,2001)。

从网络嵌入的角度来看,强关系往往意味着较高的关系嵌入,这种高度嵌入的强关系对于渠道关系而言会产生两方面的益处(Van Den Bulte & Wuyts,2007):一是促使渠道成员更愿意为渠道伙伴提供协助,使得关系中的资源和信息具有更强的可获性;二是信息的交流与资源的交换有利于促进渠道关系的协调,有利于保持关系的稳定并促进企业绩效提升。就资源与信息的交换而言,Rindfleisch和Moorman(2001)发现强关系有利于新产品开发联盟中知识的获取和利用;Noordhoff等(2011)进而发现供应商与其客户的强关系对于供应商的联合开发项目的绩效具有负面影响,这是由供应商担心其客户的投机行为带来的,但双方关系的长度和正式化程度、客户的专用资产投入则有利于克服上述负面影响。就渠道关系的建立与维持而言,Kaufman等(2006)发现当产品的吸引力处于中等水平时,关系强度可以显著提升零售商接受供应商新产品的概率,建立渠道关系;Stanko等(2007)发现关系强度有利于促进B2B关系中的承诺水平,从而提升渠道关系紧密性;Su等(2009)发现渠道边界人员的关系亲密性会促使企业更多地采用人际间非强制性的沟通方式与渠道伙伴沟通,从而有利于保持渠道关系的协调与稳定;Wathne等(2001)则发现在企业转换服务供应商的决策中,企业边界人员关系的紧密程度对转换行为有缓冲作用,但其影响弱于企业转换成本及市场竞争等因素的影响。就绩效的提升而言,Palmatier(2008)发现关系强度可以显著促进企业顾客价值的创造;Gu等(2008)发现紧密的关系可以显著提升企业品牌绩效。此外,在渠道治理研究中,Yang等(2011)在中国渠道背景中发现关系强度作为情境因素,调节着正式控制与信任的相互作用关系,在弱关系中二者的作用是互补的,而在强关系中二者的作用则是互斥的。

Granovetter(1973)认为关系强度包含四个维度:关系长度(relationship length)、情感强度(emotional intensity)、亲密程度(mutual confiding)和互惠程度(reciprocal services)。其中,关系长度与关系双方投入到关系中的时间有关,这是一个相对客观的维度;情感强度体现了关系强度的情感要素;而亲密程度和互惠程度则体现了关系强度的行为要素(Marsden & Campbell,1984)。根据Granovetter(1973)的观点,关系双方投入到关系中的时间越多(关系长度)、情感强度、亲密程度和互惠程度越高,则关系就越强;否则,关系就越弱。因此,关系强度越强,越意味着关系双方有很长的关系历史、关系内充满了情感因素,双方互惠服务的水平也就越高(Krackhardt,1992)。Granovetter(1973)认为,关系强度的四个维度可能紧密相关,但它们又相对独立地对行动者的行为产生影响。

关系强度概念的上述特征也使得该变量与营销文献中现有相关变量的作用机制存在差异。与之相关的第一个变量就是关系质量,这是一个经常被用来衡量组织间关系紧密程度的变量,学者们通常将其作为一个高阶变量,但该变量的测量维度不仅远没有形成统一的框架(Athanasopoulou,2009),并且在共识比较高的几个维度中(信任、承诺与满意),基本上集中于关系强度的行为要素(Stanko, et al., 2007),并未涉及情感要素。在 B2B 层面,一些学者还提出了另一个关系强度(relationship strength)概念,并将其定义为关系伙伴之间联系的紧密程度,反映了它们应对关系内外部挑战的能力,并从信任、承诺、关系主义(团结、相互性和柔性)三个维度来测量(Hausman,2001)。但这个变量无论就其内涵,还是测量维度都与关系质量存在非常高的重叠,并且在测量操作的层面(个人关系与组织间关系)尚存在争议(Bove & Johnson,2001)。在个人关系或跨组织人际关系方面,学者们用亲密性(closeness)(Ferguson, Paulin & Bergeron, 2005)和私人关系(庄贵军,席酉民,2004;庄贵军等,2007)两个变量来表达人际关系的强度。相对于组织间层面的关系质量和关系强度(relationship strength),这两个变量更多地表达了关系中的情感强度,但并不适用于组织间关系强度的测量(Bove & Johnson,2001)。可见,现有文献表明关系强度至少可以在组织间和跨组织人际关系两个层面进行测量,并且这两个层面的关系对企业行为的影响存在着较大的差异(庄贵军,李珂,崔晓明,2008)。本研究将在组织间层面测量组织间关系的强度,并区分关系强度的不同维度对企业渠道权力应用方式的影响。在测量操作化过程中,我们将遵循 Rindfleisch 和 Moorman(2001)、Yang 等(2011)等学者的操作方式,将关系强度作为一个连续变量测量关系的紧密程度,而不把渠道关系分为强关系和弱关系,这也与关系嵌入的研究视角相一致。

虽然关系强度理论启发了诸多后续的理论研究,但在组织间关系情境中对这一变量的测量却还未达成一致。现有研究对组织间关系强度的测量要么将其作为一个单维变量从整体上测量,要么只考虑其中的某个或某几个维度,而对 Granovetter 所提出的四个维度很少进行全面测量,这也就难以有效区分不同维度对其他行为变量的影响(Marsden & Campbell,1984;Stanko,et al.,2007)。对于关系强度的关系嵌入层面,Marsden 和 Campbell(1984)认为感情亲密程度是反映关系强度最好的测量指标,而接触频率和关系持续时间则很难准确反映该变量的内涵,反而容易高估关系强度。与之类似,Krackhardt(1992)也认为关系强度中情感要素是最为重要的,关系长度只是客观要素。在消费者行为研究中,Mittal 等(2008)发现关系强度的作用机制是通过消费者与服务者之间的情感联系实现的。与之类似,在 B2B 关系中,Stanko 等(2007)也强调了 B2B 关系中情感与行为因素不同的影响机制,而只有从关系强度最初定义的四个维度全面地测量此变量才能考察上述两个方面的不同影响。

图 5-1 是我们根据网络嵌入理论和渠道行为理论构建的一个理论模型。其中,权力应用对渠道冲突与合作的影响,已经被反复检验过,有下述基本结论:使用强制权力会引发更多的渠道冲突、降低渠道合作水平,而使用非强制权力则有助于减少冲突、提高渠道合作水平(Lusch,1976;Sibley & Michie,1982;Brown & Lusch,1983;Frazier & Rody,1991;Skinner,et al.,1992;庄贵军,周筱莲,2002;庄贵军,席酉民,周筱莲,2007;Zhuang,Xi & Tsang,2010)。本研究将渠道关系强度放入其中,假设它们对渠道权力的应用有显著性影响。以下我们只针对这一变量与渠道权力应用的关系建立假设。

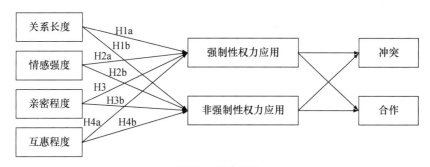

图 5-1 概念模型

5.1.2 关系长度对渠道权力应用的影响

渠道关系的长度指渠道成员合作关系持续的时间(刘益,刘婷,土俊,2008),关系长度是衡量商业行为在社会规范中嵌入程度的重要指标之一,关系持续的时间越长,关系的嵌入程度越高(Uzzi & Gillespie, 2002;Stanko, et al.,2007),渠道关系强度会随之增加(Dwyer, Schurr & Oh, 1987)。随着渠道关系的延续,渠道成员之间会由于不断地互动和沟通而增进对彼此的了解,形成对彼此角色与行为的期望、培养相互信任(Gulati, 1995;Uzzi, 1996;Dwyer, et al.,1987),进而形成渠道关系内的团结规范(Kim, 2000),促进更多的关系行为(relational behavior)(Lusch & Brown, 1996)。在上述基础上,渠道成员会形成很强的关系持续的预期(Ganesan, 1994),并把与渠道伙伴的互动行为置于未来可持续的交易关系中,这会强化渠道成员更多地从关系整体的角度考虑问题而不是从单方面考虑问题(Claro, Hagelaar & Omta, 2003)。

因此,在持续的渠道关系中,渠道关系持续的时间就会通过以下几个方面来影响渠道成员使用渠道权力的方式:首先,在关系嵌入程度很高的渠道关系中,关系规范的形成,以及双方对渠道关系未来持续的期望会抑制渠道成员少使用以惩罚和威胁为主要形式的强制性权力,而多使用以协商、支持和协助为主要手段的非强制性权力(Cannon, Achrol & Gundlach, 2000)。其次,由于渠道关系双方对关系持续的期望会随着关系的延续而增加,这会促使渠道成员更多地从关系收益的角度来决定使用权力的方式,而不会追求短期收益(Rowley, et al.,2000)。这也会促使渠道成员更多地使用致力于渠道关系改善与长期收益的非强制性权力,而较少地使用追求短期个人收益的强制性权力。最后,渠道成员使用强制性权力会令受到影响的渠道伙伴感觉其决策与行为的自主性受到了侵犯(Keith, Jackson & Crosby, 1990;Scheer & Stern, 1992),这不仅会破坏关系内的行为规范与气氛(Boyle & Dwyer, 1995;Kim, 2000;钱丽萍,刘益,喻子达,陶蕾,2010),还可能会使受到影响的渠道伙伴在信念上与其背离(Kasulis & Spekman, 1980),从而给关系的长期收益带来负面影响。相反,渠道成员更多地使用非强制性权力则有利于强化渠道关系的亲密性(Boyle & Dwyer, 1995),有助于提升关系内的共同目标和关系的长期收益(Frazier & Rody, 1991)。由此,我们假设:

H1:渠道关系持续时间越长,(a) 渠道成员越倾向于少使用强制性权力,(b) 多使用非强制性权力。

5.1.3 情感强度对渠道权力应用的影响

情感强度反映了渠道关系内情感的亲密程度,指渠道关系双方超越经济交易范畴的对彼此的感情(Krackhardt,1992)。情感强度是关系内情感依恋(emotional attachment)程度的反映,这种情感的依恋包括一旦关系结束对关系成员情感的影响、除了经济交易以外渠道关系对于渠道成员的意义,以及关系内呈现的兴奋与激动(excitement)(Stanko, et al., 2007)。渠道关系内的这种情感纽带会促使关系内呈现出更多的和谐与支持的氛围(Gilliland & Bello, 2002),促使渠道成员更多地关注渠道伙伴以及渠道关系整体的利益(Rowley, et al., 2000),促进渠道成员之间的相互信任以及对渠道关系的承诺(Stanko, et al., 2007)。这些关系行为的基础来自关系内根深蒂固的诚实、公平与公正的行为规范(Gilliland & Bello, 2002)。显然渠道关系的情感强度越强,渠道成员对渠道伙伴的支持与协助行为就会越多,越会关注渠道关系的整体利益与长期导向,从而促使渠道成员更多地使用非强制性权力。与此同时,由于强制性权力应用的结果会破坏关系内和谐、公平与公正的行为规范,会伤害渠道伙伴的感情,从而为关系的整体收益带来负面影响,因此渠道成员会抑制强制性权力的应用。由此,我们假设:

H2:渠道关系的情感强度越高,(a)渠道成员越倾向于少使用强制性权力,(b)多使用非强制性权力。

5.1.4 亲密程度对渠道权力应用的影响

Granovetter(1973)将亲密程度(intimacy)这一维度解释为关系双方的互信程度(mutual confiding),拥有高互信水平的关系往往意味着关系双方拥有较高的亲密度。高亲密度的关系会呈现出关系双方频繁、广泛、双向的沟通,沟通内容也会涉及更多敏感、复杂,甚至是机密的信息;除了正式的沟通渠道以外,双方还会通过各种非正式渠道沟通信息,从而提高了沟通的质量(Krackhardt, 1992; Frenzen & Nakamoto, 1993; Hansen, 1999; Rindfleisch & Moorman, 2001; Stanko, et al., 2007)。这种双边高质量的沟通行为会促使关系双方发展共享的价值观(Dhanaraj, Steensma & Tihanyi, 2004)、促进双方的相互信任(Morgan &

Hunt,1994)和共同解决问题机制的出现(Uzzi,1996;Hansen,1999)。与此同时,关系双方沟通内容中还会注重前瞻性(forward-looking)的信息,这使得关系双方会着眼于关系伙伴未来的需求(Uzzi, 1997; Rowley, et al., 2000),从而强化关系双方的长期导向(Ganesan,1994)。因此,渠道关系双方这种情感上的亲密性所带来的频繁、广泛、双向、深度的沟通,以及由此带来的关系内共享的价值观念、高水平的相互信任与长期导向会对企业应用强制性权力产生较大的约束力(Cannon, Achrol & Gundlach, 2000),因为强制性权力的性质会给关系内高水平的互信和亲密的情感带来伤害,从而影响关系的长期绩效。与之相反,非强制性权力的应用则可能被内化到关系内的沟通过程中(Mohr & Nevin, 1990),成为影响渠道成员行为的主要方式。由此,我们假设:

H3:渠道关系的亲密程度越高,(a)渠道成员越倾向于少使用强制性权力,(b)多使用非强制性权力。

5.1.5 互惠程度对渠道权力应用的影响

互惠程度指的是关系双方主动地为关系伙伴的利益承担责任的程度(Stanko, et al.,2007),在拥有较高互惠程度的渠道关系中,渠道成员都愿意为了关系的整体利益而为对方服务,这样在渠道关系中就会出现双方一致的目标和团结、互惠的行为规范(Heide & John, 1992; Kim,2000)。渠道关系中双方利益与目标的统一和团结、互惠的行为规范会提高关系双方的信任水平(Morgan & Hunt, 1994)和长期导向(Jap & Ganesan,2000)。与此同时,团结、互惠的行为规范和高水平的相互信任还会作为一种治理机制抑制渠道成员的投机行为,避免为了获取自己的短期利益而损害渠道伙伴和关系整体的利益(Rowley, et al.,2000)。因此,渠道关系内互惠程度越高,渠道成员越会抑制强制性权力的应用以避免给渠道关系和渠道伙伴带来负面影响;而是通过非强制性的手段,通过沟通、支持和协助等方式来改变渠道成员的行为。由此,我们提出如下假设:

H4:渠道关系的互惠程度越高,(a)渠道成员越倾向于少使用强制性权力,(b)多使用非强制性权力。

5.2 研究方法

5.2.1 样本与数据收集

本研究所用样本与第 4 章中实证研究一的样本相同,所以对样本的描述性统计特征及数据收集程序此处不再赘述。

5.2.2 问卷与变量测量

本研究所采用的原始调查问卷有 7 页长,大约需要 20—30 分钟填写完成,这里只给出本研究涉及的几个变量的测量量表,其中包括关系强度、强制性权力应用、非强制性权力应用、渠道冲突与渠道合作这 5 个主要变量。量表均来自前人的研究使用过的成熟量表,我们将英文译成中文,并根据中国的具体情况对量表的问项作了相应修改,以使之符合中国本土文化情境下的渠道关系,但保持原意不变。

其中,关系强度包含 4 个维度,其中关系长度(RL)的测量是通过双方建立关系的时间来反映,只有 1 个测量指标;其余 3 个维度中,测量情感强度(EI)有 3 个题项,测量亲密程度(MC)有 4 个题项,测量互惠程度(RS)有 2 个题项。这些测量题项均来自 Stanko 等人(2007)的研究。强制性权力应用(CEP)和非强制性权力应用(NCEP)的测量题项来自 Gaski 和 Nevin(1985)与庄贵军等(2008),各包含 4 个题项。渠道冲突(CO)和渠道合作(COO)的测量题项来自庄贵军等(2008),分别包含 3 个题项和 4 个题项。除关系长度外,所有变量均采用 5 点李克特量表测量。

根据现有研究,渠道权力(PO)是影响渠道成员应用渠道权力的主要因素,因此我们将渠道权力作为控制变量,其测量题项来自 Gaski 和 Nevin(1985),包含 3 个题项,采用 5 点李克特量表测量。

5.2.3 量表信度与效度检验

在信度方面,如表 5-1 所示,除了 EI 和 MC 的 α 值稍低外(但也超过了

0.6），其余量表的 α 值均大于等于 0.7，这说明量表的信度均在可接受的范围内。接下来进一步对量表的信度和效度进行检验，我们采用 Lisrel（8.70 版本）进行验证性因子分析（CFA），聚敛效度检验结果如表 5-1 所示。除 EI1 和 MC2 这两个题项因子载荷较低外，其他题项因子的标准载荷均大于 0.6，而且所有题项的因子载荷都在 0.001 的水平上显著；各变量的复合信度（CR）都在 0.66—0.81 之间，说明题项具有较好的内部一致性。

表 5-1 验证性因子分析结果

测量变量	题项内容	因子载荷
强制性权力的使用（CEP） α = 0.81 CR = 0.82	CEP1 拒绝出货或威胁将要取消出货	0.72
	CEP2 提醒该分销商在合同中所规定的必须执行的一些条款	0.67
	CEP3 要求该分销商合作，但不指明对方接受与否可能引起的后果	0.78
	CEP4 要求该分销商合作，但并不给予对方任何报酬	0.73
非强制性权力的使用（NCEP） α = 0.81 CR = 0.81	NCEP1 为该分销商提供我公司所拥有的市场或销售信息	0.61
	NCEP2 给该分销商一些具体的行为建议，向他们描绘这些行为将带来的对双方的益处	0.74
	NCEP3 向该分销商许诺现金奖励，用于表彰新客户开发	0.80
	NCEP4 向该分销商提供随时进行下单采购的许可	0.73
渠道冲突（CO） α = 0.78 CR = 0.78	CO1 该分销商经常增加我公司开展工作的难度	0.74
	CO2 该分销商有时会阻碍我公司实现我们自己的利益	0.81
	CO3 我们和该分销商代表之间存在个人性格上的冲突	0.66
渠道合作（COO） α = 0.802 CR = 0.804	COO1 出现问题时，我公司和该分销商会共同承担责任	0.67
	COO2 当执行不能达到合同规定目标时，我们按照谅解的原则解决	0.76
	COO3 当出现争议时，我们按照谅解的原则处理或解决	0.74
	COO4 当出现偶发事件时，我们以相互谅解的原则来应对	0.68
情感强度（EI） α = 0.65 CR = 0.66	EI1 如果我们公司不再通过这家分销商销售产品，我们会感到不习惯	0.55
	EI2 相比它们提供的分销服务来说，保持与该分销商的关系对我们的意义更大	0.71
	EI3 这家分销商提供的分销服务使得我们公司员工士气高昂	0.61

(续表)

测量变量	题项内容	因子载荷
亲密程度(MC) α = 0.67 CR = 0.67	MC1 我们给该分销商提供信息,帮助它制订计划以满足我们的需要	0.62
	MC2 我们经常非正式地交流信息,不限于事先的约定	0.41
	MC3 我们总是把自己制订的计划通告给该分销商	0.67
	MC4 我们定期将产品需求的长期预测提供给该分销商	0.62
互惠程度(RS) α = 0.72 CR = 0.73	RS1 如果与该经销商合作过程中出现问题,则由我们双方来共同解决,并不会由单方负责	0.78
	RS2 我们双方会共同致力于改善关系,彼此互惠,并不会只由单方来做	0.73
关系长度(RL)	RL 贵公司与该分销商之间的商业往来有多少年了?_____年	N.A.
渠道权力(PO) α = 0.76 CR = 0.76	PO1 如果要求分销商改变对你们公司产品的客户服务方式,那么分销商响应的程度会是多少?	0.69
	PO2 如果要求分销商改变对你们公司产品的订货程序,那么分销商响应的程度会是多少?	0.76
	PO3 如果要求分销商改变对你们公司产品的质保政策,如增加或减少"三包"的内容,那么分销商响应的程度会是多少?	0.70
模型拟合指数	$\Delta\chi^2/df$, RMSEA = 0.053, NNFI = 0.90, CFI = 0.91, SRMR = 0.055, GFI = 0.88	

注:N.A.表示不适用。

我们采用△卡方值的手段来检验变量之间的判别效度。具体来说,对于两个需要作判别效度检验的潜变量,首先建构一个未限制的模型,即对潜变量间的共变关系不加以限制,共变参数为自由估计参数。其次建构一个限制模型,即潜变量间的共变关系限制为1,为固定参数。最后比较两个模型之间卡方值的差异,如果卡方值差异大于3.84($p < 0.05$),则表示两个变量之间存在显著差异,即判别效度显著;如果卡方值差异小于3.84($p > 0.05$),则表示两个变量之间不存在显著差异,即判别效度不显著。从表5-2可以看出,所有变量之间的卡方值差异均大于3.84,说明各个变量之间存在显著差异,判别效度良好。

我们将测量每个变量的题项取平均值后作为相应变量的取值,变量间相关系数、均值与标准差如表5-3所示。

表 5-2　判别效度检验结果

△卡方值	EI	MC	RS	CO	COO	CEP	NCEP	PO
EI								
MC	101.17							
RS	107.09	121.28						
CO	138.65	209.19	180.73					
COO	113.49	153.35	112.76	222.09				
CEP	118.06	168.43	175.41	66.66	326.04			
NCEP	115.64	143.27	114.29	140.17	144.02	78.16		
PO	143.35	174.42	130.65	190.69	158.97	140.35	111.19	

表 5-3　均值、方差和相关系数表

	均值	RL	EI	MC	RS	CO	COO	CEP	NCEP	PO
RL	5.77	3.83								
EI	3.46	0.08	0.66							
MC	3.53	0.15*	0.52**	0.59						
RS	3.64	0.17**	0.40**	0.55**	0.70					
CO	2.32	−0.09	0.07	0.03	−0.04	0.78				
COO	3.64	0.19**	0.40**	0.45**	0.50**	−0.11	0.64			
CEP	2.25	−0.04	0.13*	0.01	−0.05	0.34**	−0.16**	0.88		
NCEP	3.12	0.12*	0.23**	0.33**	0.29**	0.09	0.22**	0.37**	0.87	
PO	3.20	0.04	0.13*	0.24**	0.29**	−0.08	0.20*	0.72	0.29**	0.77

注:(1) *表示 $p<0.05$，**表示 $p<0.01$，***表示 $p<0.001$;(2) 对角线上为相应变量的标准差。

5.3　分析结果

本研究使用 SPSS15.0 软件,应用多元层次回归方法检验研究假设。我们分别以 CEP 和 NCEP 为因变量,以 RL、EI、MC 和 RS 为自变量,检验假设 H1 至假设 H4。由于 CEP 和 NCEP 显著正相关,我们参照庄贵军等(2008)的做法,在 CEP 方程中将 NCEP 作为控制变量放入方程,而在 NCEP 方程中将 CEP 作为控制变量放入方程。同时,由于制造商的渠道权力会对其使用权力的方式产生影响,我们在 CEP 和 NCEP 回归方程中将渠道权力作为控制变量。从表 5-4 中可以看出,在模型 2 中,MC($\beta = -0.12, p < 0.1$)和 RS($\beta = -0.16, p < 0.05$)的系数为负且显著,说明亲密程度与互惠程度分别对强制性权力使用有显著负向影响,因而假设 H3a 和假设 H4a 得到支持;EI($\beta = 0.16, p < 0.05$)的系数为正且显著,说明情感强度对强制性权力使用有显著正向影响,这与假设 H2a 的方向相反,因而 H2a 被拒绝;RL($\beta = -0.06, p > 0.1$)的系数为负但不显著,因而 H1a 也被拒绝。在模型 4 中,MC($\beta = 0.21, p < 0.001$)和 RS($\beta = 0.13, p < 0.05$)的系数为正且显著,说明亲密程度与互惠程度分别对非强制性权力使用有显著正向影响,因而假设 H3b 和假设 H4b 得到支持;RL($\beta = 0.07, p > 0.1$)和 EI($\beta = -0.01, p > 0.1$)的系数均不显著,因而假设 H1b 和假设 H2b 被拒绝。

虽然我们没有就渠道权力应用对渠道冲突与合作的影响建立假设,我们在数据分析阶段还是检验了权力应用方式对冲突与合作的影响。我们以 CEP 和 NCEP 为自变量、以 CO 和 COO 为因变量进行回归分析,由于渠道关系质量会对渠道冲突与渠道合作可能产生影响(Athanasopoulou, 2009),因而在回归方程中,我们将 RL、EI、MC 和 RS 作为控制变量。回归分析结果如表 5-4 所示。在模型 6 中,CEP($\beta = 0.35, p < 0.001$)的系数为正且显著,说明强制性权力应用对渠道冲突有显著正向影响;NCEP($\beta = -0.05, p > 0.1$)的系数为负但不显著,说明非强制性权力应用对渠道冲突没有显著影响。在模型 8 中,CEP($\beta = -0.21, p < 0.001$)的系数为负且显著,说明强制性权力应用对渠道合作有显著负向影响;NCEP($\beta = 0.11, p < 0.05$)的系数为正且显著,说明非强制性权力应用对渠道合作有显著正向影响。

此外,从模型 2 和模型 4 中可以看出,PO 和 CEP 分别对 NCEP 有显著正向影响,说明企业的渠道权力越大,越倾向于多使用非强制性权力;并且两种渠道权力的应用方式是相互正向影响,即企业在多应用强制性权力的同时也会更多应用非强制性权力,反之亦然。从模型 8 中可以看出,EI、MC 和 RS 分别对渠道合作有显著正向影响,这说明渠道关系中的情感强度、亲密程度和互惠程度可以显著增进渠道成员之间的合作水平。

表 5-4 多元层次回归的结果

	CEP		NCEP		CO		COO	
	模型 1	模型 2	模型 3	模型 4	模型 5	模型 6	模型 7	模型 8
PO	-0.04	0.01	0.26***	0.17***				
CEP			0.35***	0.36***		0.35***		-0.21***
NCEP	0.38***	0.42***						0.11*
RL		-0.06		0.07	-0.09	-0.05		0.09
EI		0.16*		-0.01	0.09	-0.07	0.10*	0.21***
MC		-0.12†		0.21**	0.04	0.02	0.18**	0.13*
RS		-0.16*		0.13*	-0.08	0.06	0.16*	0.29***
						-0.04	0.33***	
F 值	22.41***	10.61***	36.53***	19.83***	1.30	6.827***	33.85***	26.24***
Ad-R^2	0.13	0.17^a	0.20	0.28^a	0.004	0.11^a	0.31	0.35^a

注:† 表示 $p<0.1$,* 表示 $p<0.05$,** 表示 $p<0.01$,*** 表示 $p<0.001$;a 表示在层次回归时,下面一个模型的 Ad-R^2 明显优于上面一个模型,即下面一个模型相对于上面一个模型 F 值的改进是显著的($p<0.05$)。

5.4 讨论与结论

5.4.1 研究结论

根据 Marsden 和 Campbell(1984)、Krackhardt(1992)、Stanko 等(2007)及 Mittal 等(2008)的观点,关系强度中的情感与行为要素对渠道行为的影响可能是存在差异的,而现有研究对此观点的实证证据还比较缺乏,本研究从关系嵌入视角研究了渠道关系强度对企业渠道权力应用的影响,实证研究结论证实了这一点。

首先,反映关系强度行为要素的维度——亲密程度和互惠程度越高,渠道成员越倾向于少应用强制性权力,而多应用非强制性权力。这体现了关系中高水平沟通所形成的团结与互惠的行为规范和相互信任、共同价值观念的影响。

其次,研究发现反映关系强度情感要素的情感强度会强化渠道成员对强制性渠道权力的应用,这与本研究假设的方向相反,而对非强制性权力应用则没有显著影响。这一研究结果与庄贵军和席酉民(2004)关于私人关系对企业渠道权力应用影响的研究发现类似,该研究发现零售商卖场管理人员与供应商代表的私人关系越好,零售商越会更多地应用强制性权力影响供应商的行为,而私人关系则对零售商使用非强制性权力没有显著影响。虽然本研究对关系强度的研究是在组织间关系层面,而非跨组织人际关系层面,但由于私人关系变量对关系中情感因素的强调(Yen, Barnes & Wang, 2011),使得两个变量对渠道权力应用的影响机制存在某些相似性。渠道关系中情感强度越高,不仅意味着关系双方感情密切,还意味着关系中存在较高水平的相互信任(Stanko, et al., 2007)、共同解决问题的机制(Uzzi, 1996),这使得渠道关系有更强的抗压力(Hausman, 2001)。这种关系会更容易消化强制性权力应用可能带来的负面影响,从而促使制造商在影响经销商行为时不会太顾虑强制性权力应用可能会给双方关系带来的负面影响(庄贵军,席酉民,2004)。由于非强制性权力的应用往往表现为制造商对经销商的各种支持与协助,而在情感强度很高的渠道关系中,由于团结与互惠规范的存在,在需要的时候向渠道伙伴提供必要的支持已经被内化到渠道成员的价值观念中,因而情感强度的大小对于制造商使用非强制性权力可能就没有显著影响了。

再次,反映关系强度的一个相对客观的维度——关系长度对渠道成员强制性与非强制性权力应用均没有显著影响。在其他渠道行为的研究文献中,学者们发现关系长度对关系行为和长期导向及渠道承诺等行为均没有显著影响(如Ganesan,1994)。根据Ganesan(1994)的观点,相对于长期导向而言,关系持续的时间并不能很好地反映关系的亲密程度,关系持续的时间比较长只是为双方的互动以及发展行为规范提供了机会,并不能直接反映关系的内容与性质,这大概是关系长度对制造商权力应用没有显著影响的原因。

除了对渠道权力应用的影响以外,实证研究还发现渠道关系情感强度、亲密程度和互惠程度对渠道合作有显著促进作用,但对抑制渠道冲突却没有显著作用。这表明渠道成员之间亲密的情感联系、高水平的双向沟通和关系中团结、互惠的行为规范对促进渠道成员之间的合作具有积极意义。但在渠道关系中,渠道合作与渠道冲突往往是一枚硬币的正反两面,而不是此消彼长的关系,高水平的渠道合作并不意味着低水平的渠道冲突,但如果没有渠道合作也就没有渠道冲突。渠道关系强度的增加,一方面,通过高水平的沟通与团结、互惠的规范有利于抑制渠道冲突;另一方面,渠道合作水平的增加为抑制双方的渠道冲突提供了更多的机会,而高强度关系的抗压能力又可能激发渠道冲突,这种双重影响机制可能是造成关系强度对渠道冲突没有显著影响的原因。显然,这一影响关系需要我们在未来的研究中继续加以检验。

最后,研究发现强制性权力应用对渠道冲突与渠道合作分别有正向和负向的显著影响,非强制性权力应用对渠道合作有显著正向影响,这与很多其他研究的发现一致。但研究发现制造商非强制性权力的应用对渠道冲突没有显著影响,这虽与一些现有文献的发现不一致,但却与一些以中国市场为背景的研究发现一致(庄贵军,周筱莲,2002;庄贵军等,2007;Zhuang,et al.,2010)。一方面,在中国市场背景中,经销商对制造商应用强制性权力更为敏感,这可能与中国的商业文化中合作伙伴间应尽量避免冲突的观念有关(Zhuang,et al.,2010),一旦制造商应用强制性权力,经销商就会非常敏感地感受到渠道冲突。而一旦渠道冲突发生,简单地向经销商提供信息、协助等支持可能并不能直接降低渠道冲突水平,因为这些非强制性权力的应用虽然可以为经销商带来收益,但却不能修补双方情感上的冲突。另一方面,相对于强制性权力应用的结果而言,非强制性权力应用的结果往往需要很长的时间,因此其对渠道冲突水平的降低可能需要从过程角度来考察,截面的数据可能难以反映其作用。

与先前一些研究结果一致,制造商权力对其使用非强制性权力有显著正向影响。但我们发现制造商权力对其使用强制性权力没有显著影响,这与部分研究文献发现一致,这表明渠道关系性质、渠道情境等因素可能存在影响,从而使得渠道成员应用强制性权力呈现出更多的权变特征,这实际上是权力与强制性权力应用之间的关系缺少一致性的基本原因,因而需要在未来的研究中继续加以检验。

5.4.2 理论贡献

本研究的理论贡献主要体现在以下三个方面:

首先,本研究从社会网络关系嵌入的视角对影响渠道权力应用的关系要素进行了研究,我们将社会网络理论中的关系强度变量纳入到渠道权力理论的研究框架,检验了渠道关系强度对企业权力应用行为的影响,这丰富与拓展了渠道权力理论。

其次,在渠道行为研究文献中,渠道关系中的行为要素受到了诸多关注,而对于关系中的情感要素却缺乏关注(Stanko, et al., 2007),本研究基于关系强度理论检验了关系情感与行为要素对渠道权力应用行为的不同影响,进一步强化了需要加强对渠道关系中情感因素研究的重要性。

最后,相对于现有组织间关系研究文献中要么将关系强度作为单维变量从整体上测量,要么只对关系强度的某个维度进行测量的不足,本研究遵循Granovetter(1973)提出的关系强度的维度,对该变量的全部4个维度进行了测量,并检验了关系强度的不同维度对渠道权力应用的不同影响,这有助于推动关系强度理论在渠道行为理论中的应用。

5.4.3 管理建议

本研究结论对于企业的渠道管理实践具有一定的启发价值,具体如下:

首先，渠道成员在应用渠道权力时需要充分考虑渠道关系内容与性质的影响。由于渠道关系中行为因素与情感因素对渠道权力应用的影响机制存在差异，渠道成员需要综合考虑关系内的行为与情感因素可能带来的影响。

其次，由于关系强度很高的关系中往往存在着高水平的相互信任、团结与互惠的行为规范，企业应用强制性权力可能会破坏渠道关系的氛围与规范，从而可能会对渠道关系的长期收益带来负面影响。因此，在紧密的渠道关系中，渠道成员应该抑制强制性权力的应用。

再次，频繁地使用强制性权力会导致更高水平的渠道冲突，而非强制性权力的应用则不会对渠道关系的冲突水平产生影响。当经销商更多地将渠道冲突与制造商使用强制性权力联系起来时，抑制强制性权力的使用对降低关系内的渠道冲突水平就显得格外重要。

最后，权力应用方式对渠道合作具有重要影响，频繁地使用强制性权力会导致渠道关系内合作水平的降低，而更多地使用非强制性权力则会提升渠道内的合作水平。因此，制造商若要提升渠道合作水平，就要抑制强制性权力的应用。

6 企业社会资本对渠道权力与依赖的影响[①]

现有文献对渠道权力的研究主要集中在渠道权力的基础及其影响因素、渠道权力的应用及其对其他渠道行为变量的影响等方面(梁守砚,张闯,2009)。其中,渠道权力来源的研究主要沿着两种经典观点展开。一种观点来自社会交换理论的经典研究(Emerson,1962),认为渠道成员的权力来自于渠道伙伴的依赖。在西方学者的研究中,渠道权力与依赖之间的关系几乎成为渠道权力理论中的"公理"(Zhuang & Zhou,2004)。另一种观点则以 French 和 Raven(1959)的研究为基础,认为渠道权力来自于渠道成员的权力基础。有学者将上述两种观点统一于渠道成员所拥有的有价值的资源(Zhuang & Zhou,2004;张闯,夏春玉,2005),即渠道依赖的本质是对渠道伙伴拥有的稀缺资源的依赖,而渠道成员所拥有的资源则可以被整合为各种类型的权力基础。虽然西方学者在此领域的研究积累使得渠道权力与依赖理论逐渐完善,但现有研究仍存在一些重要的问题有待解决。一方面,现有研究都把视野集中在了二元渠道关系(dyadic relationship)中,即将由两个渠道成员构成的渠道关系作为基本的分析单位,无论是资源依赖,还是权力基础理论,都对二元关系以外的渠道主体与渠道关系缺乏关注。要想全面地解释渠道权力关系,需要把二元关系之外的渠道主体纳入研究范围,把二元关系放入网络背景中去考察。另一方面,现有成熟的渠道权力理论源自西方发达国家(尤其是美国)的市场环境,把它直接应用到中国市场中可能存在着适应性问题。Zhuang 和 Zhou(2004)关于权力与依赖关系的研究发现已经对权力理论对文化环境的适用性提出了质疑,并表明立足于中国本土文化和市场环境进行研究的必要性。

基于以上理论空间,本研究向渠道权力理论引入社会资本(social capital)理论,并实证性地检验渠道成员的社会资本对其渠道权力及渠道伙伴依赖的影响。根据嵌入理论的观点,在网络化的营销渠道系统中,两个渠道成员之间的权力—依赖关系不仅取决于它们之间的资源依赖关系,还受到二元关系中的一方或双

[①] 本章部分内容发表于张闯、杜楠:"企业社会资本对渠道权力与依赖的影响",《商业经济与管理》,2012(1):43—50。

方在所嵌入的更大网络中与其他主体的联系的影响(Granovetter,1985)。因而社会资本理论为我们提供了一个检验这种二元渠道关系以外其他渠道关系影响的机会。如果渠道权力和依赖本质上与企业所拥有的资源相关,而社会资本就是蕴含在企业间关系之中的资源,那么渠道成员所拥有的社会资本是否会成为其渠道权力的来源,并进而影响渠道伙伴对它的依赖?本研究的另一个目的在于在中国文化情境中检验渠道权力与依赖的关系,为传统理论观点与中国情境下研究发现的差异进一步提供实证证据。

6.1 理论与假设

图 6-1 是根据渠道权力和社会资本等理论与文献建立的一个概念模型。其中,社会资本作为前因变量,渠道权力是中间变量,渠道依赖则是结果变量。由于本研究的一个重要目的是要在中国市场情境中检验权力与依赖的关系,因而本研究参照 Zhuang 和 Zhou(2004)的研究发现,将渠道权力作为依赖的前因变量,而不是依照传统理论将依赖作为权力的前因变量。

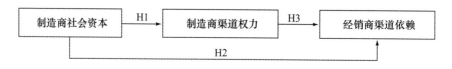

图 6-1 概念模型

6.1.1 社会资本理论

社会资本是行动者可以通过其社会关系所处的社会结构所获得的资源(Adler & Kwon,2002),其核心思想是关系网络对个人或组织而言是有价值的资源(也就是资本)。Nahapiet 和 Ghoshal(1998)认为,社会资本是嵌于个体或社会单位(social unit)的关系网络内,并可以通过这个网络获得的实际和潜在资源的总和。组织层面的社会资本可以分为两个方面:组织内(intra-organizational)社会资本和组织间(inter-organizational)社会资本(Leana & Pil,2006)。组织内社会资本是蕴含在组织内个人与个人、部门与部门或个人与部门之间关系中的资源,这种资源有利于个人与个人、部门与部门或个人与部门之间信息交流、技术共享,从而促进组织目标实现。组织间社会资本则由两部分构成:一部分是蕴含在组织与其他组织之间社会关系中的资源,这一部分完全体现了组织间关系的特征;另一部分则是蕴含在组织内个人(尤指边界人员或高管人员)或部门与其他组织之间社会关系中的资源。这一部分体现了个人或部门的社会联系对组织的影响。本研究中的社会资本关注的就是由边界人员企业外部社会联系而带来的组织间社会资本。由于企业高管或边界人员在与其他企业进行交易的时候往往代表了企业,因此,企业之间的联系通常表现为企业的高管或是边界人员(销售人员等)与其他企业之间的联系,这些联系则构成了企业社会资本的重要方面(Peng & Luo, 2000;Su, et al., 2009)。

在中国社会的文化背景中,跨组织的人际关系往往是企业社会资本的重要来源(Peng & Luo, 2000)。企业间关系通常表现为管理者的跨组织联系,由于高管或边界人员在与其他企业进行交易的时候往往代表了企业,那么,当个人的社会联系为企业所用时,跨组织人际关系就变成了企业层面的资产。这些跨组织的人际关系不仅是促成个人和企业合作并有效治理关系的重要资源,还可以弥合没有联系的企业之间以及企业和重要的外部相关者之间的信息和资源流动的差距(Park & Luo, 2001)。在中国,企业的社会资本可以分为两种:商业伙伴社会资本和政府机构社会资本(Peng & Luo, 2000;Park & Luo, 2001;Luo, Griffith, Liu & Shi, 2003;Su, et al., 2009),前者嵌入在企业边界人员(高管或销售人员等)与供应商、经销商或竞争对手的商业联系中;而后者嵌入在企业边界人员(高管或销售人员等)与政府官员之间的社会联系中。两种社会资本能够带给企业的影响由于其组织与社会联系的性质而有所不同,但其共同之处在于企业可以通过动员这些社会资本更好地实现企业的目标。

6.1.2 渠道成员的社会资本对渠道权力、依赖的影响

根据企业资源基础观的观点,每一个渠道成员都是资源的集合体。这些资源除了包括企业内部的有形资源和无形资源外,还包括渠道成员与企业外部伙伴的合作关系,因为这些关系能使企业更容易得到更多的资源,并在保持这些关

系的同时增加竞争优势(Peng & Luo, 2000; Luo, et al., 2003)。社会资本正是由企业的这些社会联系带来的重要资源。在营销渠道中,制造商与供应商的良好社会关系可以使其获得更好的原材料、更优质的服务;与经销商的良好社会关系可以建立顾客忠诚、增加销量;与竞争对手的良好社会关系则有可能使两家企业形成联盟,降低不确定性,减少竞争带来的损失(Park & Luo, 2001)。同时,与政府机构的良好社会关系也会推动企业的发展。一方面,中国经济目前还处于转轨时期,大量攸关企业生存与发展的资源仍然掌握在政府手中。与政府官员的良好社会关系,可以使企业容易获得更多的稀缺资源和内部信息(Davies, Leung, Luk & Wong, 1995)。另一方面,政府官员在企业关系中扮演着"调解人"或"中间人"的角色(Su, et al., 2009),这主要表现为以下几点:首先,当企业间因利益不一致而产生矛盾时,政府官员会出面调解,企业双方也会看在政府官员的"面子"上把矛盾化解。其次,政府官员还会在企业间起到桥梁的作用——把原本没有联系的企业联系起来,弥合没有联系的企业之间以及企业与重要的外部利益相关者之间信息和资源的差距(Park & Luo, 2001)。但是,与商业伙伴和政府机构建立良好的社会关系并不是一蹴而就的,往往需要经过长期的努力与互动才有可能建立,这不仅需要企业不断地投入与努力,也在相当程度上受到这些企业先天禀赋(如所有制性质)等因素的影响。而一旦这些关系被建立以后,企业就可以利用这些关系来动员和获取其需要的各种资源,用以实现自身运营的目标。因此,商业伙伴社会资本和政府机构社会资本是一种有价值的、稀缺的、难以完全模仿并无法完全替代的资源。

资源依赖理论认为,任何企业都不能拥有自己所需要的全部资源,大量攸关企业生存与发展的资源存在于企业之外,具体地说,是存在于企业嵌入的关系网络之中(Granovetter, 1985)。为了获得这些资源,企业就要与同处关系网络中的其他企业通过交换来获得有价值的资源。企业所拥有的商业伙伴社会资本和政府机构社会资本,由于其稀缺和难以替代的特征,必然也是其他渠道成员生存与发展所需要的资源。因此,占有其他渠道伙伴所需要的社会资本的企业会把其社会资本转化为对渠道伙伴行为的实际或潜在的影响力,即渠道权力。因此,我们提出如下假设:

H1:渠道成员拥有的社会资本越多,其对渠道伙伴的渠道权力越大。

与拥有丰富的商业伙伴和政府关系的企业建立合作伙伴关系,除了能够得到该企业自身的资源以外,还能获得该企业所处网络中处于其他结点位置的企业和政府机构的资源。为了获得嵌入在渠道伙伴与其商业伙伴和政府机构关系中的资源,渠道伙伴就要与其进行交换。这种社会资本的稀缺性越大、越难以替代,对这些社会资本有需求的渠道成员就会产生对拥有这些社会资本的企业的依赖。因此,我们假设:

H2:渠道成员拥有的社会资本越多,渠道伙伴对其依赖的程度越高。

由于关系网络在中国社会生活中的重要性,个体会不断地寻求依赖拥有权力的另一个体以获得支持和保护,这就是所谓的"找靠山"理论(Zhuang & Zhou, 2004)。在企业交易网络中,企业也会寻找拥有强大影响力的合作伙伴,并主动地依附于前者,以获取前者的支持。在营销渠道情境中,一旦渠道企业之间建立起依赖关系,渠道成员就变成了关系网络中的结点。处于结点位置的渠道成员除了能得到拥有权力一方的资源,还可能得到整个网络中其他成员的资源。Zhuang 和 Zhou(2004)发现,在中国的营销渠道情境下,主体(拥有权力的一方)并不一定通过客体(受主体权力影响的一方)的依赖获得权力,相反,客体会出于主体所拥有的权力而有意无意地对其产生依赖。也就是说,在中国的文化情境中"权力是因,依赖是果",而不是像经典理论中所称的"依赖为因,权力为果"。本研究将进一步验证 Zhuang 和 Zhou(2004)的研究发现,我们假设:

H3:渠道成员的权力越大,其被渠道伙伴依赖的程度越高。

6.2　研究方法

6.2.1　样本与数据收集

本研究所用样本与第 4 章中实证研究一的样本相同,所以对样本的描述性统计特征及数据收集程序此处不再赘述。

6.2.2　变量测量

本研究量表均来自前人的研究使用过的成熟量表,但由于研究背景与以往的研究存在一些差异,所以我们对量表的问项作了相应修改,以使之符合中国本土文化情境下渠道权力与依赖关系。在确定调查问卷之前,我们对大连地区一些企业的边界人员(采购或销售人员)进行了深入访谈,这些访谈的录音和笔记材料成为修订量表的主要依据。以下只说明与本研究有关的量表。

本研究所采用的量表既包括反映性量表(reflective scale),也包括合成性量表(composite scale)。其中,社会资本和渠道权力采用的是反映性量表,而分销商依赖采用的是合成性量表。社会资本的量表来自庄贵军等(2008),同时参考Su 等(2009)的量表作了适当的修改,共包括7个问项(1 = 完全不同意;5 = 完全同意)。渠道权力的量表来自 Gaski 和 Nevin(1985),并根据研究背景对题项进行了相应修改,包括4个问项(1 = 完全不会;2 = 一点点;3 = 一些;4 = 大部分照办;5 = 完全照办)。渠道依赖的量表来自 Kumar,Scheer 和 Steenkamp(1995)对分销商依赖的测量量表,也根据研究情境进行了翻译和修订,共包括3个问项(1 = 完全不同意;5 = 完全同意)。

6.2.3 量表的信度与效度

首先,在信度方面,测量社会资本和渠道权力量表的 Cronbach's α 值分别为0.899 和0.796,这说明该量表具有较高的信度。由于用于测量依赖的量表是一种合成性量表,根据庄贵军等(2008)的观点,合成性量表不同于经常使用的反映性量表,量表中一个题项得分的提高或降低,不一定伴随着另一个题项得分的提高或降低,因此,合成性量表不适合也不必要用 Cronbach's α 系数作内部一致性的信度检验。

其次,遵循前人的做法(Samaha, Palmatier & Dant, 2011),我们将多个潜变量放入一个模型中进行验证性因子分析,结果如表6-1 所示。从表中可以看出,所有剩余观测变量的因子载荷值都达到0.5 的门槛值,且都在 $p < 0.001$ 的水平上显著,社会资本变量的平均抽取方差(AVE)大于0.5,说明该变量具有较好的收敛效度;渠道权力变量的 AVE 虽然未达到0.5,但也接近0.5,说明该变量也具有充分的收敛效度。同时,这两个变量的组合信度都大于0.7,说明问项具有较好的内部一致性。此外,测量模型与数据的拟合度指标说明测量模型与数据的拟合度良好。

6 企业社会资本对渠道权力与依赖的影响

表6-1 验证性因子分析结果

变量	测量题项	因子载荷
社会资本(SC) α = 0.899 CR = 0.90 AVE = 0.56	SC1 我们与该分销商的采购经理有着很好的私人关系	0.72
	SC2 我们有朋友与该分销商的采购经理熟识	0.74
	SC3 我们公司的总经理与该分销商的总经理有着很好的私人关系	0.74
	SC4 我们公司的总经理与政府官员有着广泛的个人联系	0.77
	SC5 我们公司的总经理与其他公司的总经理有着广泛的个人联系	0.79
	SC6 我们在政府部门(比如工商、税务)中有一些好朋友	0.81
	SC7 总的来说,我们公司拥有一个广泛的关系网络	0.65
渠道权力(PO) α = 0.796 CR = 0.78 AVE = 0.47	PO1 如果要求分销商改变对你们公司产品所作的促销活动,那么分销商响应的程度会是多少?	0.62
	PO2 如果要求分销商改变对你们公司产品的客户服务方式,那么分销商响应的程度会是多少?	0.79
	PO3 如果要求分销商改变对你们公司产品的订货程序,那么分销商响应的程度会是多少?	0.67
	PO4 如果要求分销商改变对你们公司产品的质保政策,如增加或减少"三包"的内容,那么分销商响应的程度会是多少?	0.64
分销商依赖(DD) N.A.	DD1 该分销商认为我们的产品是其此类产品组合中关键的构成部分	N.A.
	DD2 如果该分销商找其他公司代替我们,会给该分销商带来损失	
	DD3 该分销商很难找到别的公司,像我公司一样带给它们这么多销售额和利润	
模型拟合指数	CMIN/DF = 1.91, RMSEA = 0.06, RMR = 0.04, GFI = 0.93, AGFI = 0.90, NFI = 0.90, TLI = 0.94, CFI = 0.95, IFI = 0.95	

注:N.A.表示不适用。

最后,为了确保各个潜变量之间存在内涵和实证方面的差异,模型中的每个变量的AVE平方根要求人丁该变量与其他变量的相关系数。我们计算得出,社会资本和渠道权力的AVE平方根分别为0.75和0.69,均大于社会资本与渠道权力的相关系数0.258。这说明,这两个变量具有较好的判别效度。

在对数据进行分析时,本研究选取了两个控制变量——关系长度(RL)和企业规模(SI)。第一,关系长度是关系紧密程度的重要属性(Stanko, et al.,

2007)。随着时间的推移,伙伴双方会互相了解对方的优势与劣势,并对对方的作用和绩效产生期望(Dwyer, Schurr & Oh, 1987)。因此,在渠道系统中,渠道成员之间的关系长度对权力结构和依赖程度会产生一定程度的影响。根据Stanko 等(2007)对关系长度的测量,本研究用问题"贵公司与该分销商之间的商业往来有多少年了?"请被调查者直接回答。

第二,企业规模也会影响企业在渠道系统中对其伙伴的权力结构以及被其伙伴依赖的程度。本研究用"2009 年的销售收入"对企业的规模进行测量,共有 6 个选项(1 = 小于 500 万元;2 = 500 万—2 500 万元;3 = 2 500 万—5 000 万元;4 = 5 000 万—1 亿元;5 = 1 亿—3 亿元;6 = 3 亿元以上)。

表 6-2 显示了以上变量的均值、标准差及它们之间的相关系数。从表中可以看出,渠道权力(PO)与渠道依赖(DD)之间是显著相关的($p < 0.01$),因此,为了考察社会资本的影响,要控制渠道权力与渠道依赖之间的交互影响。

表 6-2 变量的均值、标准差和相关系数

变量	均值	SC	PO	DD	RL	SI
SC	3.28	5.41				
PO	3.24	0.22**	2.85			
DD	3.57	-0.01	0.16**	2.60		
RL	5.72	-0.12	0.06	0.26**	3.69	
SI	2.85	-0.04	0.09	0.19**	0.17**	1.79

注:(1) ** 表示 $p < 0.01$(双尾检验);(2) 对角线上的数据为均值的标准差。

6.3 分析结果

本研究采用多元层次回归方法检验研究假设。为了检验假设 H1,以 PO 为因变量,以 SC 为自变量,以 RL、SI 和 DD 为控制变量,对数据作回归分析,结果如表 6-3 中的 PO 模型部分所示。从表中可以看出,加入 SC 后的 PO 模型 II 的拟合优度指标(调整后 R^2)大于未加入 SC 的 PO 模型 I,且 SC 的系数显著为正

($\beta=0.230, p<0.001$),这说明社会资本对渠道权力有显著的正向影响。这与假设 H1 是一致的,因此,假设 H1 得到支持。

为了检验假设 H2,以 DD 为因变量,以 SC 为自变量,以 RL、SI 和 PO 为控制变量,对数据作回归分析,结果如表 6-3 中的 DD 模型部分所示。SC 在 DD 模型Ⅲ中的系数不显著($\beta=0.012, p>0.1$),这说明社会资本对分销商依赖没有直接的显著影响。这与假设 H2 不符,因此,假设 H2 没有得到支持。

但是在表 6-3 的 DD 模型中,加入 PO 后的 DD 模型Ⅱ的拟合优度指标(调整后 R^2)大于未加入 PO 的 DD 模型Ⅰ,且 PO 的系数显著为正($\beta=0.134, p<0.05$),这说明渠道权力对分销商依赖有显著的正向影响。这与假设 H3 是一致的,因此,假设 H3 得到支持。

表 6-3 回归分析结果:标准系数

变量	PO 模型		DD 模型		
	(Ⅰ)	(Ⅱ)	(Ⅰ)	(Ⅱ)	(Ⅲ)
SC		0.230***			0.012
PO				0.134*	0.131*
DD	0.145*	0.134*			
RL	0.011	0.039	0.231***	0.225***	0.226***
SI	0.060	0.066	0.148*	0.137*	0.137*
F 值	2.378*	6.033***	13.111***	10.688***	7.998***
Ad-R^2	0.018	0.068	0.080	0.095	0.092

注:*** 表示 $p<0.001$,* 表示 $p<0.05$。

在表 6-3 的 DD 模型中,RL 的系数始终显著为正($\beta=0.231, p<0.001$),这说明关系长度对分销商依赖有显著的正向影响;也就是说,关系长度越长,制造商被分销商依赖的程度越大。同时,SI 的系数也显著为正($\beta=0.148, p<0.05$),这说明企业规模对分销商依赖也有显著的正向影响;也就是说,企业规模越大,制造商被分销商依赖的程度越高。

6.4 讨论与结论

6.4.1 结果讨论

首先,渠道成员(制造商)所拥有的社会资本能够显著地正向影响其对渠道伙伴(分销商)的权力(假设 H1)。在渠道系统中,任何渠道成员都是资源的集合体,在自身发展的同时,也为其他渠道成员提供其生存与发展所需的资源。任何企业的经济行为都是嵌入在社会背景中的(Granovetter,1985),因此,企业在运营过程中都会与其他企业或相关者建立社会联系。在中国的社会环境下,企业的社会联系主要有与商业伙伴的社会联系和与政府机构的社会联系两种形式。前者使企业更容易获得生存和发展所需要的资源,而后者则使企业更容易获得政策支持和权威信息。因此,这两种社会联系网络对企业和企业的经营者而言是有价值的资源,这正是社会资本的核心思想。企业在把社会资本转化为自身的核心竞争能力的同时,也会影响其他渠道成员的行为,构成渠道权力。这一结论与"权力来源于有价值的资源"(Zhuang & Zhou,2004)的观点相符。但以往研究多是认为,资源是企业自身的禀赋,而本研究把资源拓展到了企业所处的社会关系网络中,进而拓展了渠道权力来源的研究视野。

其次,实证结果表明,渠道成员(制造商)所拥有的社会资本对渠道伙伴(分销商)的依赖程度并没有显著的直接影响(假设 H2 未被支持)。这与本研究的期望不符,对此解释如下:渠道成员之间的依赖关系既是一种客观存在,也是一种主观感知(perception)状态,但渠道成员对彼此的依赖程度存在着感知差异(Zhou,Zhuang & Yip,2007),这种差异源于渠道成员对产生依赖的基础的感知差异。在制造商看来,产生其渠道权力的重要资源除了传统意义上的有形资源(如厂房、土地等)和无形资源(如信息、品牌、声誉等)以外,还包括蕴含在企业的各种商业联系和政治联系中的社会资本,因为制造商通过这些社会资本可以得到较好的生产条件(如厂房、厂址、生产设备)、生产资料和供求信息,以此提高产品质量,树立良好的品牌形象,赢得较好的消费者口碑和企业声誉。在渠道系统中,分销商会选择有实力的伙伴建立依赖关系,而制造商实力的强弱取决于其掌握资源的多少。分销商正是看到制造商这些有价值的、稀缺的、难以完全模仿并无法完全替代的资源,而选择对其进行依赖。但是,分销商对制造商权力的感知可能忽略了制造商背后带来这些资源的商业和政治联系网络,而只是基于制造商的各种有形与无形资源感知其渠道权力。正是由于制造商和分销商对产生权力的基础存在感知差异,制造商所拥有的社会资本对其权力有显著的正向影响,而对分销商的依赖则无显著影响。另一方面,本研究的调查只从制造商一边获得了数据,而没有从双边获得数据,这可能会加大渠道关系双方对依赖程度感知的差距。当然,这一解释还有待未来的研究给予检验。

最后,渠道权力对渠道依赖之间有显著的正向影响(假设 H3)。这进一步印证了 Zhuang 和 Zhou(2004)得出的结论。权力与依赖的关系是针对特定文化而言的,不同社会文化情境下的研究会有不同的结果。西方的社会文化强调个人(individualism)和独立(independence),因此,依赖是一种被动状态,只有在不得已的情况下才会出现。相反,中国的社会文化强调集体主义(collectivism),为了保持个人与集体的一致,依赖呈现出一种积极的状态。一方会选择依赖拥有权力的另一方,因为保持这种关系对企业的长期发展很重要。俗话说"背靠大树好乘凉",正是讲的这个道理。

6.4.2　理论贡献

首先,以往有关渠道权力的来源与影响因素的研究,多是把视野集中在企业自身拥有的内部资源上。经典的渠道权力理论认为,企业通过自身所占有的对方需要的资源而获得权力(Coughlan, et al., 2001)。这里所说的资源,既包括如厂房、土地、设备等有形资源,也包括如信息、技术、声誉、品牌等无形资源。但是,由于企业都嵌入在更大的社会背景中(Granovetter, 1985),因此,企业还会通过其社会关系获得与其有联系的其他企业的资源。本研究的结论说明,渠道权力除了取决于企业自身所拥有的资源,还取决于企业所处的社会关系网络中的资源。因此,本研究的理论贡献在于向渠道权力理论引入社会资本,拓展了渠道权力研究的网络视角。

其次,本研究基于中国的社会文化背景发现社会资本对渠道权力的影响,同时印证了 Zhuang 和 Zhou(2004)基于中国渠道环境下的研究结论。国内学界自从 21 世纪初开始关注渠道权力问题,取得了丰富的研究成果,如关注了中国情境下的权力与依赖的关系(Zhuang & Zhou, 2004;庄贵军,席酉民,2004),对渠道权力进行了网络化研究(张闯,2008c;张闯,徐健,夏春玉,2010)等。但是,中国本土的关系文化与渠道行为的相关问题仍没有得到足够的重视。本研究在中国社会文化背景下考察了社会资本对渠道权力与依赖的影响,从而拓展了渠道权力理论的适用范围,这也是本研究的又一理论贡献。同时,本研究也提出在中国社会文化背景下检验西方渠道行为理论适用性的必要性与紧迫性。

6.4.3 管理建议

本研究的结果对企业的营销活动也同样具有启示意义,具体如下:

首先,管理者应该把企业的经济行为和所处的社会背景联系起来,与商业伙伴和政府部门建立良好的个人关系以及企业层面的联系。通过前者可以获得企业生存发展所需要的资源,通过后者可以给企业带来政策支持和权威信息。管理者要把这些有价值的资源转化为企业自身的核心能力,并以此增大自身在渠道关系中的影响力,进而获得其他渠道成员更大程度的依赖。

其次,与 Zhuang 和 Zhou(2004)一致,本研究发现与西方研究中相反的权力与依赖关系。在中国情境下,依赖更多的是一种积极状态,被依赖的一方多是权力的持有者。在实践中,权力并不仅仅意味着对客体行为的影响,更重要的是,还代表着责任。拥有权力的一方要为圈子中的成员带来利益,以使之对依赖关系更加忠诚。

7 消费者品牌忠诚与店铺忠诚对零供关系中依赖结构的影响:三元关系视角

7.1 引 言

依赖被认为是理解渠道关系最为重要的变量之一(Kim & Hsieh, 2003),渠道关系中相互依赖的结构构成了其他渠道行为的基础(Palmatier, Dant & Grewal, 2007)。在过去三十余年的研究中,渠道依赖结构及其对渠道行为与结果的影响积累了丰富的研究文献(综述性文献见 Kim & Hsieh, 2003),学者们对依赖的研究也从关注渠道关系一方的依赖上升到渠道关系层面,即关注渠道成员之间相互依赖的结构(如 Buchanan, 1992; Frazier, Antia & Rindfleisch, 2009; Gilliland, Bello & Gundlach, 2010; Gundlach & Cadotte, 1994; Kumar, et al., 1995, 1998; McFarland, Bloodgood & Payan, 2008; Palmatier, et al., 2007)。尽管渠道依赖研究成果已经非常丰富,但仍有一些关键的问题有待回答。

首先,过去的研究主要将注意力集中在二元关系层面,而对二元关系以外的主体,以及渠道关系嵌入其中的渠道网络背景缺少关注。20 世纪 90 年代以来,很多学者都倡导要突破二元分析范式,将渠道网络背景纳入分析范围,以期提升对渠道行为的理解(如 Anderson, et al., 1994; Antia and Frazier, 2001; McFarland, et al., 2008; Van den Butle & Wuyts, 2007)。对于渠道关系中依赖结构的影响因素而言,除了渠道关系双方的资源依赖以外,渠道成员与二元关系以外的其他渠道主体的联系将会对二元关系中的依赖结构产生影响(Skinner & Guiltinan, 1985; Heide & John, 1988),这体现了网络结构嵌入的影响,但这种影响机制的实证证据尚非常贫乏。

其次,作为渠道关键成员的消费者很少被纳入渠道依赖等行为分析的范围。

消费者既是承担一定功能的渠道成员,也是商业渠道子系统服务的对象(Coughlan, et al., 2001),因而消费者的需求不仅是驱动整个商业渠道子系统运转的原动力,消费者的购买决策和购买行为(如买什么品牌、在哪里买)更可能对上游渠道关系(尤其是直接与消费者相联系的零售商—供应商关系)中的依赖结构产生影响(Krishnan & Soni, 1997; Porter, 1974)。但在以往渠道行为的研究中,消费者要么被视作一个微不足道的行为主体,要么被完全忽略了,研究重点被放在由制造商、批发商和零售商纵向排列构成的商业渠道子系统上(Butaney & Wortzel, 1988; Krishnan & Soni, 1997)。对于消费者行为的作用,现有文献认为供应商和零售商都可以通过影响消费者的态度与行为来获得对渠道伙伴的影响力(即渠道伙伴的依赖)。如 Porter(1974)认为,零售商通过向消费者提供商品信息和购买服务,可以极大地影响消费者对供应商品牌的选择;如果零售商能够塑造消费者对店铺的忠诚,那么零售商对消费者在不同供应商品牌之间转换的影响会更大。当然,供应商也可以通过塑造消费者对其品牌的忠诚来影响消费者的决策,进而获得对零售商的影响力(Butaney & Wortzel, 1988)。消费者在不同品牌与商店之间的转换,受他们对供应商品牌忠诚度与零售商店铺忠诚度的驱动(Krishnan & Soni, 1997)。同时,品牌忠诚与店铺忠诚也构成了消费者在品牌与店铺之间进行转换的成本,即忠诚度越高,转换成本越高(Ailawadi, Neslin & Gedenk, 2001)。因此,品牌忠诚和店铺忠诚构成了消费者影响零供关系中权力—依赖结构的一个重要机制,即消费者对品牌越忠诚,就越有可能转换商店,而不是在商店内转换品牌;相反,消费者对店铺越忠诚,就越有可能在店内转换品牌,而不是转换商店(Ailawadi & Harlam, 2004)。虽然品牌忠诚和店铺忠诚在品牌管理和零售管理领域分别受到了研究者的充分关注,但却鲜有文献将二者纳入渠道行为的研究框架。近年来,少数文献从零售商感知的角度关注了制造商品牌对零售商依赖与承诺(Davis & Mentzer, 2008)、忠诚(Chiou, Wu & Chuang, 2010)和制造商渠道治理行为(Kim, McFarland, Kwon, Son & Griffith, 2011)的影响,但消费者的品牌忠诚与店铺忠诚行为对零供关系中依赖结构的影响机制仍然缺少实证证据;并且,从零售商感知的角度(而不是从消费者的角度)测量消费者对品牌的态度可能存在很大偏差(Moreau, Krishna & Harlam, 2001),因而要真实反映消费者的认知与行为,需要直接从消费者一方获得数据。

基于以上理论空间,本研究将消费者纳入零售商—供应商的分析视野,考察消费者对供应商品牌的忠诚和对零售商店铺的忠诚对零供关系中依赖关系的影响。

本研究的理论贡献包括以下方面：

首先，我们将消费者纳入研究框架突破了传统渠道行为研究的二元分析范式，在供应商—零售商—消费者构成的三元渠道关系中实证地考察供应商—消费者（通过品牌忠诚）、零售商—消费者关系（通过店铺忠诚）对供应商—零售商关系中依赖结构的影响，这对突破二元分析范式探究渠道网络嵌入对渠道行为的影响机制具有重要启发价值。研究发现，零供关系中的依赖结构并非是供应商和零售商双方作用的结果，而是供应商、零售商和消费者三方共同作用的结果。消费者的品牌忠诚和店铺忠诚对零供关系中的依赖结构产生了影响，后者进而影响了渠道关系中的冲突水平与零售商的长期导向。

其次，我们将传统渠道行为研究中被忽视的消费者纳入研究框架，并实证检验了消费者行为对零供关系中依赖结构的影响，这拓展了传统渠道行为理论的研究。虽然个体消费者的影响力非常微小（Butaney & Wortzel，1988），但消费者群体的品牌忠诚与店铺忠诚行为构成了对零供关系中依赖结构的重要影响机制，这一发现显示了加强对消费者在渠道行为理论中作用研究的必要性。

最后，我们在实证研究设计中通过零售商与消费者的双边配对数据来实证检验消费者行为对零供关系中依赖结构的影响，克服了从零售商感知角度测量消费者行为的不足（Moreau, Krishna & Harlam, 2001），这对深化与拓展消费者行为对上游渠道成员间互动行为影响的研究具有重要启发意义。

7.2 理论与假设

7.2.1 渠道依赖

在渠道背景中，依赖一般被定义为一个渠道成员为了实现自身目标而与另一渠道成员保持关系的程度（Frazier, Gill & Kale, 1989），或对渠道伙伴的要求作出反应的意愿（Keith, Jackson & Crosby, 1990）。从企业资源基础观（resource-based view, RBV）和资源依赖观点来看，企业所拥有的难以替代的有价值资源是构成渠道伙伴依赖的基础,因此,渠道依赖的本质是对稀缺的有价值资源的依赖(Dwyer,1984)。一个渠道成员对其渠道伙伴的依赖程度可以通过两个方面来衡量:资源的重要程度和替代资源的可获得性(Emerson,1962)。一个企业所拥有资源对另一个企业而言越重要、越难以替代,或者存在替代来源但难以有效转换,后者对前者的依赖就越大。从企业资源基础观的角度来看,这里所说的资源,既包括土地、厂房、设备等有形资产,也包括信息、品牌、技术、知识等无形资源。由于渠道成员在功能上的专业化,渠道成员之间是相互依赖的,并且由于企业资源禀赋的差异,渠道关系中依赖关系会呈现出不同的结构(Stern & Reve,1980)。渠道成员之间相互依赖的结构被认为是理解渠道关系的基础变量和逻辑起点(Palmatier, et al., 2007; Zhou, et al., 2007)。因此,现有文献多是探讨渠道依赖的结构对渠道成员态度与行为的影响(Kumar, et al., 1995, 1998; Antia & Frazier, 2001; Gassenheimer & Ramsey, 1994),除少数文献以外(Heide & John, 1988; Skinner & Guiltinan, 1985),很少有文献关注渠道依赖结构的驱动因素。从企业资源基础观和资源依赖理论的角度来看,渠道成员所拥有的对其渠道伙伴而言关键且难以替代的资源构成了渠道成员之间相互依赖结构的基本驱动因素,所以本研究将以资源依赖理论为基础,将消费者对供应商品牌的忠诚和对零售商店店铺的忠诚分别当作供应商和零售商所拥有的两种关键资源,实证性地考察消费者的品牌忠诚与店铺忠诚行为对零供关系中依赖结构的影响。

关于渠道关系中相互依赖的结构的衡量,渠道行为理论研究主要包括两种方法(Kim & Hsieh, 2003):一种方法是分别衡量渠道关系双方的依赖,如供应商对零售商的依赖和零售商对供应商的依赖,而后将渠道关系中的依赖结构分成四种类型,即双方彼此高度依赖、供应商主导、零售商主导和双方彼此低度依赖(Buchanan, 1992)。另一种方法则将依赖结构概念化为两个维度,即依赖总量(magnitude)和依赖不对称性(asymmetry);其中,前者反映了渠道关系内双方彼此相互依赖的程度;后者则反映了关系内相互依赖不对称的程度(Gundlach & Cadotte, 1994; Kumar, et al., 1995; Palmatier, et al., 2007)。无论何种操作方式,在既定时点上渠道成员对渠道伙伴的单方面依赖,如零供关系中零售商对供应商的依赖和供应商对零售商的依赖,从根本上决定了关系中依赖的结构。因而,如果我们关注的是渠道关系中依赖结构的决定因素,我们则需要分别关注这些影响因素对渠道成员单方依赖的影响。因此,本章在考察消费者品牌忠诚和店铺忠诚对零供关系中依赖结构影响时将重点关注上述两个变量分别对零售商依赖和供应商依赖的影响。而如果我们关注的是渠道依赖结构对其他渠道行为变量的影响,我们则更需要关注渠道成员之间相互依赖的不对称性和相互依赖的总量,因为任何一个渠道成员单方面的依赖都不能充分地反映关系层面相互依赖的结构(Anderson & Narus, 1990; Kumar, et al., 1995)。由于上述两个维度分别反映了渠道关系的不同方面,相互依赖的不对称性反映了渠道关系中一方主导另一方的程度,而相互依赖的总量则反映了渠道关系的紧密程度,因而学者们会根据研究的情境需要来重点关注其中的一个或两个方面。如要强调渠道关系中依赖的不对称程度对结果变量的影响,则只需重点关注依赖不对称性这一维度(如 Anderson & Narus, 1990; Gundlach & Cadotte, 1994; Jap & Ganesan, 2000; Gilliland, Bello & Gundlach, 2010)。本研究在中国市场中展开,随着渠道结构的变迁,中国市场中的零售商在零供关系中的主导地位愈发明显,并引发了很多渠道冲突等问题。由于相互依赖的不对称性更好地反映了本实证研究背景的情况,因而我们将重点关注供应商对零售商的相对依赖对零供关系中的冲突的影响。当然,由于相互依赖总量会对若干渠道行为变量产生影响,我们会在数据分析过程中对它进行控制。

7.2.2 消费者品牌忠诚与店铺忠诚

消费者的品牌忠诚(brand loyalty)指的是由于对某产品或服务的喜好而愿意再次购买或再次使用的倾向,而这种倾向不会因环境和营销活动的影响而转向其他产品或服务(Oliver, 1999)。品牌忠诚包括行为忠诚(behavioral loyalty)和态度忠诚(attitudinal loyalty)两个方面。其中,行为忠诚也被称为购买忠诚,指消费者重复购买某一品牌的意愿;而态度忠诚指的是消费者针对某一品牌的承诺水平,它反映了消费者与品牌之间独特的价值关联(Chaudhuri & Holbrook, 2001)。在几十年的研究历程中,品牌忠诚理论积累了非常丰富的研究文献,研究表明忠诚于某一品牌的消费者愿意为品牌支付更高的价格、会重复购买该品牌、会对该品牌作正面的口碑传播,以及对竞争品牌的促销行为不敏感等,这些行为会进而降低企业的营销成本、令企业获得更高的品牌溢价和更为稳定的市场份额等(Dick & Basu, 1994; Chaudhuri & Holbrook, 2001)。品牌忠诚的塑造是制造商影响消费者行为,进而影响企业绩效的主要方式,因此企业会投入大量的资源来塑造消费者的品牌忠诚、建立品牌资产,以获得企业绩效的提升(Keller & Lehmann,2006)。然而,传统品牌忠诚研究主要关注的是制造商—消费者的关系,或者主要关注消费者对制造商品牌的认知与忠诚,很少有研究关注渠道关系背景,或者品牌对渠道关系中互动行为的影响(Davis & Mentzer, 2008; Glynn, 2010)。品牌反映了消费者对于产品及其生产者的全部体验(Keller & Lehmann, 2006),因而品牌更是制造商管理渠道关系、与渠道成员合作的基础和纽带(Webster, 2000)。研究表明,消费者对制造商品牌的认知会显著影响零售商对制造商的承诺水平(Davis & Mentzer, 2008),也影响着制造商对渠道关系的治理战略(Kim, et al., 2011)。这意味着制造商可以将消费者对其品牌的忠诚作为管理与零售商渠道关系的重要工具,而这一点在现有文献中还没有受到足够的关注。

店铺忠诚(store loyalty)指消费者针对特定零售商店的情感承诺而呈现出的重复光顾与购买行为(Bloemer & Ruyter, 1998)。店铺忠诚也包括行为忠诚与态度忠诚两个方面。其中,前者指的是消费者实际重复光顾某一商店的行为,通常用重复购买意向或重复购买比例来衡量(Martenson, 2007);后者指的是消费者与商店的情感联系与承诺,这是产生重复购买行为的基础与内在决策机制(Macintosh & Lockshin, 1997)。相对于品牌忠诚的研究而言,店铺忠诚的研究无论在数量还是范围上都是比较有限的(Bloemer & Ruyter, 1998),并且研究主要集中在店铺忠诚的驱动因素上。现有研究表明,零售店铺形象(Bloemer & Ruyter, 1998)、消费者满意(Macintosh & Lockshin, 1997; Martenson, 2007)、信任(Macintosh & Lockshin, 1997)均可以显著增进店铺忠诚。与品牌忠诚的建立主要依靠大规模营销传播手段不同,零售商的销售人员及其与顾客的互动是塑造消费者店铺忠诚的关键因素,如 Macintosh 和 Lockshin(1997)、Vlachos 等(2010)发现消费者与零售商之间的情感依恋(emotional attachment)对消费者的忠诚与口碑传播均有显著正向影响,而这种情感依恋的塑造主要通过建立消费者对销售人员和零售商的信任、创造愉悦的购物环境等方式来实现。与品牌忠诚的研究情境类似,这一领域的研究也主要关注的是零售商与消费者之间的关系,基本没有涉及零售商与其供应商的渠道关系。然而,店铺忠诚的另一个研究视角间接地体现了店铺忠诚对零供关系的影响,这一研究视角主要是围绕零售商品牌(Private Brand,简称 PB)来展开的(Ailawadi, et al., 2010)。研究表明,零售商引入 PB 产品能够提高店铺形象和消费者店铺忠诚(Corstjens & Lal, 2000; Ailawadi, et al., 2001; Ailawadi, Pauwels & Steenkamp, 2008),从而有利于提高零售商对供应商的谈判地位(Ailawadi & Harlam, 2004)。虽然这一视角的研究包含了对消费者店铺忠诚在零供关系中作用的考虑,但以零售商扫描数据为基础的建模分析方法并不能充分地反映零供关系互动的过程与机制,并且研究中往往也没有涉及消费者对制造商品牌忠诚的作用。尽管如此,围绕着 PB 展开的店铺忠诚研究有着非常强的启发性,即零售商完全可以将塑造消费者的店铺忠诚作为提升其在与供应商关系中主导地位的工具,这正是本研究关注的核心。

虽然学界对消费者两种忠诚的研究很少有交集,但实际上消费者往往会同时具有针对某(几)个品牌的忠诚和针对某(几)个零售商店的忠诚,当我们把消费者的忠诚行为纳入零供关系背景中来考虑时,其理论与现实意义会更为明显。从制造商的角度来看,消费者的品牌忠诚不仅意味着其市场绩效的稳定与提升,还可以作为其管理渠道关系的重要工具而对其市场绩效产生间接影响;从零售商的角度来看,消费者的店铺忠诚不仅意味着其商店的客流稳定与良好的市场绩效,还可以作为其管理供应商关系的重要工具来协调上游渠道关系。因而,从管理的角度来看,制造商和零售商都可以充分地利用营销策略来塑造消费者的品牌与店铺忠诚,通过影响消费者的行为来影响渠道伙伴的行为。

7.2.3 消费者品牌忠诚对零售商依赖和供应商依赖的影响

消费者品牌忠诚和店铺忠诚对零供关系中依赖结构的影响机制从根本上说来自于供应商和零售商对消费者购买决策与购买行为的影响(张闯,2008b)。

从资源依赖的角度来看,制造商的品牌是一种对于零售商而言非常重要的资源(Glynn, 2010),这种资源通过以下三种途径影响消费者的行为,进而提升零售商的依赖水平:首先,品牌忠诚会驱使消费者在购买过程中转换商店,而不是在店内转换品牌(Ailawadi & Harlam, 2004)。一方面,对于高度忠诚于某个品牌的消费者而言,这个品牌是难以替代的(Glynn, 2010),当某个零售商的产品组合中没有消费者所忠诚的品牌时,该消费者将转向拥有该品牌的其他零售商店购买;另一方面,消费者对品牌的忠诚构成了消费者转换品牌的成本,转换品牌对于这样的消费者来说意味着很高的心理成本,消费者面临的这种转换成本越高,品牌忠诚就越会驱使消费者转换商店(Ailawadi, et al., 2001),从而令该零售商面临销售额的损失。其次,拥有忠诚消费者的品牌有助于提升零售商的店铺形象、带来更多的客流,并产生更多的销售额。对于零售商而言,零售商的品牌组合是其建立差别化的店铺形象的重要营销要素(Ailawadi & Keller, 2004),经营拥有良好市场基础的品牌不仅有助于提升零售商的店铺形象(Simmons, Bickart & Buchanan, 2000),还有利于建立消费者对商店的需求,因为品牌会吸引其忠诚顾客来店消费(Buchanan, 1992),这也可以为零售商经营的其他商品带来更多的销售机会,从而可以提升零售商的销售绩效(Webster, 2000)。最后,拥有忠诚消费者群体的供应商品牌有助于降低零售商的成本和市场风险。拥有良好市场基础的品牌不仅有助于零售商接触该品牌已经建立的市场需求,也有助于零售商接触制造商以该品牌为核心的其他资源(Davis & Mentzer, 2008)。一方面,经营拥有高品牌资产的供应商品牌对于货架资源稀缺的零售商而言具有较低的风险和机会成本,这源于该品牌所拥有的市场需求基础(Glynn, 2010);另一方面,这些品牌往往代表了供应商对促进该产品销售的承诺,这表现为供应商会通过合作广告、销售人员培训等方式来对零售商提供支持,这也有助于降低零售商的运营成本,并进一步降低市场风险(Davis & Mentzer, 2008)。此外,现有的两项相关研究也表明,零售商感知的供应商的品牌资产(brand equity)对零售商对供应商的依赖有显著正向影响(Davis & Mentzer, 2008),而零售商感知消费者对供应商品牌的感知价值和满意均对零售商对供应商品牌的感知价值有显著正向影响,进而促进零售商对供应商的忠诚(Chiou, et al., 2010)。可见,拥有忠诚群体的供应商品牌可以提高零售商对供应商的依赖水平。

从供应商的角度来看,消费者对供应商品牌的忠诚会降低供应商对特定零售商的依赖。由于消费者的品牌忠诚反映了供应商对市场需求的影响与控制,消费者对供应商商品的购买更多地取决于其与供应商品牌之间的直接关联,而非通过消费者与零售商店的联系。与消费者所忠诚的品牌相联系的是供应商持有的若干重要资源,而供应商则可以将这些资源在不同的零售商之间分配,得到更多资源的零售商显然会从该品牌供应商的交易关系中获取更多收益。拥有品牌忠诚顾客越多的供应商,在选择零售商方面就拥有越多的主动权,越会带来零售商之间的相互竞争,在零售商店的市场地位一定的情况下,零供关系中零售商之间相互替代的程度提高了,而供应商被零售商替代的程度则降低了(Emerson, 1962)。由此,我们提出如下假设:

H1:消费者对供应商品牌的忠诚度越高,(a) 零售商对该品牌供应商的依赖水平越高,(b) 供应商对特定零售商的依赖水平越低。

7.2.4 消费者店铺忠诚对零售商依赖和供应商依赖的影响

在零售背景中,营销关系存在于多个层面:消费者与商店的关系、消费者与商店销售人员的人际关系,以及消费者与商店销售的品牌之间的关系(Dodds, Monroe & Grewal, 1991)。相对于建立在大规模传播策略基础上的品牌忠诚对消费者行为的影响而言,店铺忠诚对消费者行为的影响则更多地建立在零售商与消费者直接互动的基础上,这种直接互动主要表现为零售商店的消费者接触界面(消费者—商店关系)和零售商的销售人员(消费者—商店销售人员关系)两个独特的途径(张闯,2008b)。其中,零售商店的消费者接触界面是指消费者在与零售商交易过程中所感受到的零售商店的物质设施和经营理念、服务种类与质量等因素,这些因素决定着消费者对零售商店的认知与满意度(Porter, 1974)。首先,零售商的声誉和形象在一定程度上反映了其所销售商品的品质和形象;其次,零售商店的物质设施(如店铺装潢、卖场规划设计、商品布局与陈列)和零售商向顾客提供的服务(如送货、产品保证、维修等)及其质量在消费者的眼中可能都在某种程度上反映了店内商品的属性(Porter, 1974)。因此,消费者对零售商店的识别在一些商品类别中与消费者对店内商品的识别存在相当程度的关联(消费者—品牌关系),而这种关联则赋予了零售商相对于制造商一定的影响力(Martenson, 2007)。

零售商的销售人员向消费者面对面地沟通信息不仅是消费者获取产品信息的重要途径,而且零售商也通过这种途径获得了对消费者最终购买决策更大的影响力。这种影响力,一方面表现为销售人员通过商品的介绍与演示向消费者传递后者在其他途径很难获得或者获取成本很高的关于产品可靠性、使用方法等方面的信息,从而对其购买决策施加影响;另一方面,对于一些产品类别(如大多数选购品)而言,销售人员所具备的专业知识是影响消费者最终购买决策的重要因素。如果消费者较为接受销售人员的专家地位,后者向其提出的购买建议将会对其最终决策产生重大影响(Davis-Sramek, et al., 2009)。上述两种途径相互强化,最终会促使消费者建立对销售人员和零售商店的信任(Macintosh & Lockshin, 1997),并产生对商店的情感依恋,促使消费者产生店铺忠诚(Vlachos, Theotokis, Paramatari & Vrechopoulos, 2010)。

消费者对于零售商的忠诚往往反映了后者对市场需求的控制能力,这种能力可以通过以下三种方式来对供应商产生影响,进而提升供应商的依赖水平。首先,消费者的店铺忠诚赋予了零售商促使消费者在店内转换品牌的能力(Ailawadi & Harlam, 2004)。消费者对店铺的忠诚体现了消费者与商店之间独特的情感联系,以及对零售商店的承诺(Bloemer & Ruyter, 1998),这种承诺建立在消费者对零售商店信任的基础上,因而当这种忠诚度很高时,零售商往往能够将促使消费者在不同的制造商品牌之间进行转换,从而使得制造商产品的销售在相当大程度上取决于零售商的倾向性(Kumar & Leone, 1988),这会增强制造商对零售商的依赖水平(Etgar, 1976)。从另一个角度来看,消费者对店铺的忠诚也构成了其转换商店的成本,对店铺心理与情感的承诺会使转换商店的消费者面临很高的心理成本,因而消费者对店铺越忠诚,消费者就越有可能在店内转换品牌,而不是转换商店(Ailawadi, et al., 2001)。其次,拥有大量忠诚顾客的零售商可以促进供应商品牌产品的销售。对于供应商而言,商店的忠诚顾客是其品牌稳定的消费者群体,进入这样的零售商店意味着更加稳定与丰富的客流,从而可以更有效地接触零售商店建立的市场需求,有利于提高品牌商品的销售绩效(Glynn, 2010)。从这个角度来看,拥有大量忠诚顾客的商店对供应商而言是非常有价值的资源,并且这种资源往往缺乏可替代性,这显然可以提高供应商对零售商的依赖水平。最后,拥有大量忠诚顾客的零售商有利于增进制造商的品牌资产(Webster, 2000)。零售商店是消费者认知供应商品牌的重要线索(Porter, 1974),忠诚于某个零售商店的消费者会对该零售商所经营的品牌产生更为积极的认知,这主要是基于消费者对零售商店的信任,以及零售商销售人员的影响。从这个角度来看,零售商在创造供应商品牌资产方面的作用也非常重要,零售商不仅为供应商品牌创造了被消费者接触的机会,零售商的支持更会有效增进该品牌的绩效(Glynn,2010)。

从零售商的角度来看,消费者对零售商店的忠诚构成了零售商的一种重要资源,而此资源不仅对于供应商具有重要价值,而且难以替代。根据 Emerson(1962)的观点,渠道成员发展自身的稀缺性、增加战略资源的占有将会降低其对渠道伙伴的依赖。对于供应商而言,拥有大量忠诚顾客的商店构成了其品牌商品进入市场的有效通道,进入这样的商店就意味着更多的销售机会与更高的销售绩效。这种对市场需求具有控制能力的稀缺商店资源将会使零售商在零供关系中占据更多的主动,这表现为零售商对进店品牌的选择,以及对店内在销品牌的支持倾向性。显然,这会增加供应商之间的竞争,在其他情况一定时,供应商的可替代性会增强。由此,我们提出如下假设:

H2:消费者对零售商店的忠诚度越高,(a)供应商对零售商的依赖水平越高;(b)零售商对供应商的依赖水平越低。

7.2.5 供应商相对依赖对渠道冲突的影响

渠道冲突是一个渠道成员正在阻挠或干扰另一个渠道成员实现自己的目标或有效运作的状态(Kaza & Dant,2007)。渠道冲突根源于渠道成员之间在功能专业化基础上的相互依赖,因而相互依赖结构是影响渠道冲突的重要因素(Palmatier, et al., 2007)。供应商的相对依赖体现了零售商相对于供应商的权力优势及其对后者的影响力(Emerson, 1962; Anderson & Narus, 1990)。零售商对供应商的影响力越大,零售商在对供应商施加影响时就会越少地感知到后者的抵制与阻碍(Anderson & Narus,1990),从而会感知到更少的冲突。另一方面,当供应商感知到零售商的权力优势增加时,它会自觉地调整自己的行为,避免陷入与零售商的冲突之中而使自身受损(Gaski,1984)。Gundlach 和 Cadotte(1994)研究发现,渠道关系中依赖的不对称程度越高,占据优势地位的渠道成员的感知冲突水平就越低。由此,我们提出如下假设:

H3:供应商的相对依赖水平越高,零售商感知的零供关系中的冲突水平越低。

图 7-1 是本研究的概念模型。

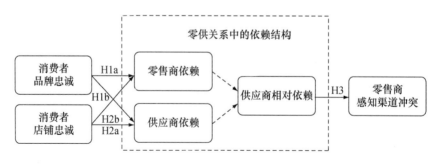

图 7-1　研究概念模型

7.3　研究方法

7.3.1　研究背景

本研究以中国市场中百货商店—运动休闲服饰(包括运动鞋、运动服与户外休闲服)供应商的渠道关系为研究背景。选择百货商店为研究对象是基于以下三点原因:首先,百货商店相对于超市和专业店等大型零售业态而言,往往有着差异化的市场定位,这使得百货商店的目标市场、店铺形象、服务要素与经营风格等营销要素都呈现出一定的差异性,从而能够比超市等业态更好地体现消费者的店铺忠诚。其次,国内百货商店的选址一般都位于城市的中心商业区,这可以有效排除由于商店选址的地点便利性带来的消费者"虚假"的店铺忠诚,如消费者经常光顾某个超市很可能是因为他居住在该超市的商圈内,购买地点的便利性使他针对该超市的行为忠诚会很高,但这并不意味着他对商店的态度忠诚也很高(有时消费者可能对该超市持有负向态度),真正的店铺忠诚更应该体现消费者对商店的态度与承诺(Bloemer & Ruyter, 1998)。因此,消费者经常光顾某个百货商店更可能是建立在其对该商店喜好的基础上,而不是简单的因为便利。最后,选择单一零售业态可以避免多零售业态的影响。

选择运动休闲服饰作为研究对象主要是基于以下三点考虑:首先,作为一种选购品,运动服饰品牌的差异性比较大,并且供应商也非常注重通过品牌的塑造来影响消费者的购买行为。作为一种消费者购买涉入水平比较高的产品,消费者关于品牌、产品信息的获取依靠供应商和零售商双重途径,这可以更好地体现消费者的店铺忠诚和品牌忠诚对其购买行为的影响(Davis-Sramek,et al.,2009)。其次,运动休闲服饰是百货商店一个重要的产品品类,百货商店往往会有一个单独的楼层或销售区域来集中销售此类产品,并且每个百货商店在此品类中都包含比较宽泛的品牌组合,这可以更好地将百货商店与品牌供应商的关系匹配起来。最后,运动休闲服饰有着比较普遍的市场基础,不仅绝大多数消费者可能购买此类产品,而且会重复购买,这为我们获取消费者调查数据,并将其与零售商店—供应商品牌匹配起来提供了更为便利的基础和条件。

7.3.2 样本与数据收集

本研究从零售商角度展开研究,从零售商和消费者两个数据来源获得配对数据。从零售商角度展开研究,一方面是因为零售商直接与消费者和供应商互动,它们更了解消费者对待供应商品牌和零售商店的态度与行为,同时也可以报告它们与供应商的相互依赖关系与互动行为,从而可以降低收集双边数据的难度;另一方面,我们在中国市场中展开研究,由于渠道结构的变迁,百货商店在渠道中的主导地位正在增强,即百货商店正在获得更多的供应商相对依赖,这使得研究角度与我们的概念模型更为一致。

调研分成两个阶段完成。第一阶段针对零售商展开。前期的访谈表明,百货商店负责运动休闲服饰产品的楼层经理(或品类经理)是负责管理供应商关系的主要人员,他们对零供关系及商店的情况都比较了解,因而我们将其作为填写问卷的关键信息人。在调查过程中,由于要考虑配对消费者调查的难度,我们在城市的选择上主要采用了便利抽样方法,首先联系百货商店的管理人员,在取得他们的支持以后,再派调查员上门面对面地完成问卷填写。为了减少数据的偏差,在调研过程中,我们首先请受调查者说出其卖场中3个比较强势的品牌和3个比较弱势的品牌,而后由调查员随机指定1个强势品牌和1个弱势品牌请受调查者分别针对这两个品牌填写问卷,问卷内容主要涉及零售商分别与这两个品牌供应商关系中的依赖关系、零售商权力的应用方式、关系内的冲突等内容。这样,针对1个百货商店,我们获得了2个零售商店—品牌供应商配对

（如太平洋百货—耐克和太平洋百货—安踏）。零售商数据分别在沈阳、大连、哈尔滨、太原、西安、抚顺和鞍山7个城市收集，共获得53个零售商店样本，105个零售商店—供应商配对（其中1个商店只针对1个品牌填写了调查问卷）。

在完成零售商调查的基础上，我们分别针对每一个零售商店—供应商品牌（如太平洋百货—耐克）展开配对的消费者调查，每个配对最少调查30个消费者样本。接受调查的消费者要满足两个基本条件：一是经常到指定的零售商店购物；二是在过去半年中曾购买了指定品牌的运动服饰。消费者调查主要采用在商业区随机拦截的方式，为了获得消费者的支持，我们为消费者提供了相应的礼品。消费者调查共回收消费者问卷3 256份，剔除数据缺失的问卷6份，有效问卷3 250份。每个零售商店—供应商品牌配对都至少获得了30个有效消费者样本。

所有数据收集工作由10名市场营销专业的硕士研究生在作者的指导下于2011年7—9月间完成。数据收集完成以后，我们先对零售商问卷进行编码、录入数据；而后根据零售商样本的编码，对配对的消费者问卷进行编码，使之相互对应，并完成数据录入。数据录入工作由6名市场营销专业的硕士研究生在作者的指导下于2011年11—12月间完成。为了确保问卷编码的正确对应，我们借鉴了专业市场研究公司"双录复核"的工作程序，即每一组数据先由一组（2个）同学进行录入，而后由另一个同学进行复核，确保所有零售商和消费者配对样本一一对应。

在零售商店样本中，股份制企业28个（52.8%）、民营企业13个（24.5%）、外资企业6个（11.3%）、国有企业4个（7.6%），还有2个（3.8%）属于其他所有制类型；49个（92.5%）商店属于零售企业集团、4个（7.5%）商店为独立企业；42个（79.2%）商店经营年份在10年以下、7个（13.2%）商店经营年份在10—20年之间、4个（7.6%）商店经营年份超过20年；填写问卷的楼层（品类）经理的工作年限有43人（81.1%）不超过10年、8人（15.1%）在10—20年之间、2人（3.8%）超过20年。消费者样本描述性统计特征如表7-1所示。

表 7-1 消费者样本特征情况一览表

基本特征变量		频数	百分比	基本特征变量		频数	百分比
性别	男	1 385	42.6%	年龄	≤20 岁	430	13.2%
	女	1 865	57.4%		21—30 岁	2 226	68.5%
收入	1 000 元以下	536	16.5%		31—55 岁	559	17.2%
	1 000—2 000 元	997	30.6%		56 岁以上	35	1.1%
	2 001—3 000 元	801	24.6%	学历	大专以下	589	18.1%
	3 001—4 000 元	409	12.6%		大专	899	27.6%
	4 001—5 000 元	235	7.2%		大学本科	1 525	46.9%
	5 001 元以上	211	6.5%		硕士以上	182	5.6%

注:合计百分比不等于 100% 是由于部分数据缺失,不影响研究结果。

7.3.3 问卷及变量测量

零售商调查问卷有 6 页长,大约需要 20—30 分钟填写完成,包括几组李克特量表和一组旨在收集分类资料的多项选择题。本研究涉及的变量包括零售商依赖、供应商依赖和感知渠道冲突。消费者调查问卷有 3 页长,大约需要 10 分钟左右填写完成,包括几组李克特量表和一组旨在收集分类资料的多项选择题。本研究涉及的变量是消费者品牌忠诚和店铺忠诚。

本研究中的量表均来自前人的研究中使用过的成熟量表,我们将英文翻译为中文,并在不改变原意的前提下,根据研究情境的具体情况对量表的问项作了相应的修改,使之更符合中国本土文化情境下的渠道关系。在实施问卷调查之前,我们对来自百货商店的 5 位店长和品类经理进行了访谈及问卷测试,确保问卷中所有测量题项符合我们的研究情境,并能够被受调查者所理解。

消费者品牌忠诚(BL)的测量题项来自 Chaudhuri 和 Holbrook(2001),包含 4 个题项。消费者店铺忠诚(SL)的测量题项来自 Ailawadi、Neslin 和 Gedenk(2001),包含 3 个题项,我们请消费者就指定的品牌和指定的百货商店对题项的陈述打分(1 = 完全不同意,7 = 完全同意)。渠道冲突(CF)量表来自 Gaski 和 Nevin(1985),以及庄贵军等(2008)的中文量表,包含 3 个题项,我们请零售商的楼层(品类)经理就其所代表的商场与指定品牌供应商之间的冲突状态打分

(1 = 完全不同意,7 = 完全同意)。

零售商对供应商的依赖(RD)和供应商对零售商的依赖(SD)测量题项来自 Kumar、Scheer 和 Steenkamp(1995)的合成性量表,各包含 3 个题项,主要从以下方面来反映渠道关系中的依赖关系:(1) 供应商品牌产品线(零售商卖场)的可替换程度;(2) 替换供应商(零售商)产生的成本与损失;(3) 供应商(零售商)提供的销售额与利润的重要程度。我们请零售商的楼层(品类)经理分别对零售商依赖指定品牌供应商的程度和供应商依赖零售商的程度打分(1 = 完全不同意,7 = 完全同意)。

我们控制了一些可能对因变量产生影响的变量。零售商店的规模(SALE)用商店上一个年度的销售额来衡量(1 = 5 000 万元以下;2 = 5 000 万—1 亿元;3 = 1 亿—5 亿元;4 = 5 亿—10 亿元;5 = 10 亿元以上);零售商店是否从属于零售企业集团(GRP,1 = 是;2 = 否);零售商店的开业经营年限(YEAR,请受调查者回答"贵商店开业多少年了?"这一问题,用零售商店实际经营的年限来测量);零供关系长度(RL,请受调查者回答"贵商店与该品牌供应商的供货关系建立多少年了?"这一问题,用双方合作的实际年限来测量);零售商经营的运动服饰品牌数量(BN,用零售商报告的实际品牌数量测量);品牌供应商在指定城市中的商店数量(SN,用零售商报告的实际店铺数量测量);零售商向消费者发放会员卡情况(CMC,0 = 零售商没有发放会员卡计划;1 = 持卡会员数量快速增长;2 = 持卡会员数量稳定增长;3 = 持卡会员数量基本稳定;4 = 持卡会员数量略有下降;5 = 持卡会员数量大幅下降)以及零供关系中相互依赖的总量。

7.3.4　信度与效度检验

如表 7-2 所示,信度方面,本研究所用量表的 Cronbach's α 值在 0.812—0.968 之间,均超过了 0.6 的最低可接受水平。接着,我们计算了量表的组合信度(composite reliability),各变量的组合信度(CR)都大于 0.8,说明量表的内部一致性较高。零售商依赖和供应商依赖为合成性量表,不适合也没必要做内部一致性的信度检验(庄贵军等,2008)。我们采用 AMOS7 进行验证性因子分析(CFA),结果显示测量模型具有较好的拟合度,所有题项因子的标准载荷均大于 0.5 的阈值,而且都在 $p < 0.001$ 的水平上显著,变量平均抽取方差(AVE)都大

于 0.5,说明量表中的各变量有较好的聚敛效度。判别效度检验结果如表 7-3 所示,3 个变量 AVE 值的平方根(对角线上的黑体数字)都大于与其他因子相关系数的绝对值,表明这些变量具有较好的判别效度。

表 7-2 验证性因子分析结果

量表与测量题项		因子载荷
消费者品牌忠诚(BL) Cronbach's α = 0.968 CR = 0.971 AVE = 0.892	BL1 下次我买运动服(鞋)时,我还会买这个牌子	0.941
	BL2 我会一直购买这个牌子的运动服(鞋)	0.945
	BL3 我对这个牌子有强烈的归属感	0.963
	BL4 我愿意付比其他牌子更高的价格买这个品牌的运动服(鞋)	0.929
消费者店铺忠诚(SL) Cronbach's α = 0.922 CR = 0.926 AVE = 0.806	SL1 我喜欢到××商店买东西	0.897
	SL2 为了到××商店买东西,我愿意多花些时间和精力	0.917
	SL3 我经常关注××商店的情况	0.878
渠道冲突(CF) Cronbach's α = 0.812 CR = 0.824 AVE = 0.615	CF1 有时,该供应商不配合我们工作	0.820
	CF2 该供应商并不把我们的最佳利益放在心上	0.896
	CF3 在重要问题上,我们常常与该供应商观点不一致	0.609
零售商依赖(RD)	RD1 在本地区,我公司可以找到其他公司提供与该品牌相同的产品线	N.A.
	RD2 在本地区,如果找其他公司代替该品牌供应商,会给我公司带来损失	
	RD3 在本地区,我们很难找到别的公司,像该品牌供应商一样带给我们这么多的销售额和利润	
供应商依赖(SD)	SD1 在本地区,该供应商可以找到其他公司提供与我们相同的销售服务[a]	N.A.
	SD2 在本地区,如果该供应商找其他公司代替我们,不会给它带来太大的损失[a]	
	SD3 在本地区,该供应商很难找到别的公司,像我公司一样带给它这么多的销售额和利润	

模型拟合指数:CMIN/DF = 1.230,p = 0.183, RMSEA = 0.047, NFI = 0.965, RFI = 0.945, GFI = 0.937, CFI = 0.993

注:N.A. 表示不适用,[a] 为反向题项。

表 7-3 相关系数矩阵与平均提炼方差（AVE）的平方根

	均值	标准差	BL	SL	CF	SD	RD	SALE	YEAR	GRP	RL	BN	SN	CMC
BL	4.354	0.466	**0.944**											
SL	4.242	0.454	0.486**	**0.898**										
CF	3.498	1.284	0.128	0.096	**0.784**									
SD	4.079	1.069	-0.066	0.152	-0.328**	N.A.								
RD	3.613	1.159	0.231*	0.162	0.044	-0.013	N.A.							
SALE	2.770	1.310	0.188	0.230*	0.183	0.130	-0.124	N.A.						
YEAR	10.180	13.769	0.051	0.159	0.003	0.232*	0.071	0.303**	N.A.					
GRP	1.080	0.267	-0.130	-0.250*	-0.159	0.046	-0.080	0.050	-0.046	N.A.				
RL	5.800	4.258	0.026	0.007	-0.197*	0.213*	0.108	0.088	0.224*	0.039	N.A.			
BN	23.170	11.406	-0.014	0.041	-0.058	0.166	0.011	-0.190	0.230*	-0.030	0.012	N.A.		
SN	21.38	17.551	0.084	0.004	0.128	-0.145	-0.093	0.159	0.144	0.031	0.149	-0.158	N.A.	
CMC	1.730	0.593	0.090	0.010	-0.089	-0.098	0.109	-0.154	0.055	0.252**	0.099	-0.016	-0.174	N.A.

注：(1) ** 表示 $p < 0.01$（双尾检验），* 表示 $p < 0.05$（双尾检验）；(2) 对角线上的黑体数字为相应变量 AVE 的平方根，对角线下方的数字为各变量间的相关系数。(3) N. A. 表示不适用。

7.4 数据分析与结果

首先,我们将与每个零售商店—供应商品牌配对的 30 个有效消费者样本求算数平均数,将此均值作为与该零售商样本配对的消费者数据,由此得到 105 组零售商—消费者配对数据。接着,我们根据 Anderson 和 Narus(1990)、Gundlach 和 Cadotte(1994)、Jap 和 Ganesan(2000),以及 Gilliland、Bello 和 Gundlach(2010)的做法计算供应商的相对依赖,即用供应商依赖(SD)减去零售商依赖(RD)得到了供应商对零售商的相对依赖(RELATIVEDEP)。参照 Kumar 等(1995)的做法将 SD 与 RD 相加,得到了依赖总量(INTERDEP)的测量指标。

在此基础上,我们应用偏最小二乘法(partial least squares, PLS)结构方程模型来验证研究假设。应用 PLS 来验证我们假设的一个重要原因是该方法可以在模型中同时包括合成型量表和反映型量表(McFarland, et al., 2008),我们应用 SmartPLS 2.0(Ringle, Wende & Will, 2005)软件来分析数据,假设检验结果如表 7-4 所示。

从表 7-4 中可以看出,在零售商依赖(RD)模型中,消费者品牌忠诚(BL)的系数显著为正($\beta = 0.217, p < 0.05$),表明消费者品牌忠诚对零售商对供应商的依赖水平有显著正向影响,因而假设 H1a 得到支持。消费者的店铺忠诚(SL)对零售商依赖无显著影响($\beta = 0.067, p > 0.01$),因而假设 H1b 被拒绝。在供应商依赖(SD)模型中,消费者品牌忠诚(BL)对供应商对零售商的依赖水平无显著影响($\beta = -0.148, p > 0.1$),因而假设 H2a 没有得到支持。消费者店铺忠诚(SL)对供应商依赖有显著正向影响($\beta = 0.225, p < 0.1$),因而假设 H2b 通过检验。在渠道冲突(CF)模型中,供应商相对依赖显著负向影响渠道冲突($\beta = -0.296, p < 0.01$),表明供应商对零售商的相对依赖水平越高,零售商感知到的冲突水平越低,这与假设 H3 一致。

表 7-4 PLS 分析结果:标准系数

	因变量					
	零售商依赖(RD)		供应商依赖(SD)		冲突(CF)	
	系数	T值	系数	T值	系数	T值
自变量						
品牌忠诚(BL)	0.217**	2.152	-0.148	1.336		
店铺忠诚(SL)	0.067	1.336	0.225*	1.891		
供应商相对依赖(RELATIVEDEP)					-0.296***	2.849
控制变量						
企业规模(SALE)	-0.231**	2.056	0.057	0.527	0.248**	2.293
经营年限(YEAR)	0.120	1.029	0.173	1.187	0.005	0.070
是否从属企业集团(GRP)	-0.033	0.252	0.145	1.364	-0.137	1.436
零售商经营品牌数量(BN)	0.110	0.943	0.088	0.833	0.050	0.473
品牌供应商店铺数量(SN)	0.099	0.893	-0.221**	2.014	0.084	0.778
零售商发放会员卡情况(MCC)	0.034	0.250	-0.177	1.511	-0.032	0.291
关系长度(RL)	0.119	1.062	0.203**	2.100	-0.167	1.654
依赖总量(INTERDEP)					-0.174*	1.690
拟合优度指标						
R^2	0.124		0.207		0.220	

注:*** 表示 $p<0.01$,** 表示 $p<0.05$,* 表示 $p<0.1$;双尾检验。

7.5 讨论与结论

7.5.1 研究发现

虽然在过去三十余年中关于渠道依赖的研究已经积累了丰富的文献,但囿于二元分析范式而缺少对二元渠道关系以外渠道主体作用的关注是现有研究的一个重要局限。更为重要的是,消费者作为重要的渠道主体,其对商业渠道子系统中渠道关系的影响几乎被忽略了。基于上述理论缺陷,本研究以百货商店与运动休闲服饰品牌供应商之间的关系为研究背景,将消费者纳入零供关系依赖结构的研究框架,利用零售商和消费者的配对数据,检验了消费者的店铺忠诚和品牌忠诚对零供关系中依赖结构的影响。

实证研究发现,消费者的品牌忠诚对零售商依赖有显著正向影响,而对供应商依赖无显著影响;消费者的店铺忠诚则对供应商依赖有显著正向影响,而对零售商依赖无显著影响。这一研究发现基本上证实了企业资源基础观和资源依赖理论的观点。从零售商的角度来看,消费者对供应商品牌的忠诚是供应商所有的一种关键而难以替代的资源,这种资源赋予了供应商对消费者购买需求的控制能力(Buchanan,1992),从而提升了零售商对供应商的依赖。同样,消费者对零售商店铺的忠诚也是零售商所拥有的一种重要资源(Buchanan,1992),而这种资源同样赋予了零售商对消费者购买需求的影响,对于供应商而言,这种资源关键而难以替代,这自然促进了供应商对零售商的依赖。但是,供应商和零售商分别所拥有的两种关键资源——消费者对其品牌和店铺的忠诚却并没有令其减少对渠道伙伴的依赖。根据资源依赖的观点,企业对合作伙伴的依赖水平主要取决于合作伙伴所拥有的对企业而言关键且难以替代的资源,企业自身占有的战略资源如果无法替代其从外部获取的关键资源,则很难改变企业对外部合作伙伴的依赖状态。在研究背景中,供应商所拥有的消费者品牌忠诚并不能有效地降低供应商对稀缺、高效的零售商店铺的需求;同样,零售商所拥有的消费者店铺忠诚也并不能有效地降低其对畅销、具有市场号召能力的品牌的需求,因而也就无法显著降低其自身对渠道伙伴的依赖。

上述研究发现表明零售商—供应商这一二元渠道关系中的依赖结构并非零售商和供应商双方互动的结果,而是供应商、零售商和消费者三方互动的结果。供应商可以通过其品牌与消费者建立的联系来影响其与零售商关系中的依赖结构;同样,零售商也可以通过其店铺与消费者之间的关系来影响其与供应商关系中的依赖结构。通过将零售商—供应商这一二元渠道关系结构拓展为供应商—零售商—消费者三元渠道关系结构,研究发现表明突破传统二元分析范式,将渠道网络中的其他渠道主体纳入分析框架可以更为深入地理解二元渠道关系中相互依赖结构的决定因素,也应该可以提升我们对渠道互动行为的理解。因而未来的研究应该更多地突破传统二元分析范式,而将渠道行为研究向网络分析方向推进。

此外,消费者在传统渠道行为理论中的地位被认为是微不足道的,因而消费者几乎被排除在传统渠道行为研究的分析框架之外。我们通过将消费者纳入传统渠道行为理论分析框架证实了消费者行为对渠道上游渠道关系中依赖结构的影响作用,这表明消费者是一个不可忽视的渠道主体,其对深化我们对渠道行为的理解意义重大,而非如传统理论所称是微不足道的主体。因而未来的研究也应当更多地将消费者纳入传统渠道行为分析框架,以更全面地展示消费者在渠道成员互动行为中的影响作用。

最后,我们还发现供应商对零售商店的相对依赖对零售商感知到的冲突水平有显著负向影响。这虽然与此前的一些研究发现不符(Kumar, et al., 1995; Palmatier, et al., 2007),但是却与 Gundlach 和 Cadotte(1994)的研究结论相同。这也与我们的研究背景有关,在目前中国百货商店与供应商的关系中,百货商店的主导地位正日益增强(张闯,董春艳,2010)。由于我们的零售商样本都是来自于城市中心商业区的百货商店,它们在城市零售市场中有着巨大的影响力,所以当供应商感知到零售商的渠道相对权力增大时,它们会自觉地调整自己的行为,避免陷入与百货商店的冲突之中而使自身受损(Gaski, 1984)。因此,一家零售商的渠道相对权力越大,它所感知到的冲突水平就越低。

7.5.2 管理建议

研究结果对企业的渠道管理具有以下几点启发:首先,供应商和零售商都应该意识到消费者对其品牌和店铺的忠诚是一项非常重要的战略资源,该资源能够对零供关系中的依赖结构产生重要影响。因而塑造消费者的品牌忠诚和店铺忠诚应该成为供应商和零售商平衡零供关系中依赖结构的一项重要策略。其次,供应商对其品牌的管理应该有更加宽阔的视野,不仅局限于对消费者购买行为的影响,更应当将品牌作为渠道管理的重要工具,放大品牌在渠道管理中的战略作用。同样,零售商也可以将消费者对其店铺的忠诚作为管理零供关系的一项关键策略,发挥其对零供关系管理的战略作用。在当前的零售市场中,百货商店需要通过差异化的定位、改善店铺环境、人员服务等方式来塑造消费者对店铺的忠诚,增加对供应商的影响力。

7.5.3 研究局限

本研究具有以下几个方面的局限性:

首先,我们只考虑了消费者品牌忠诚和店铺忠诚行为对零供关系中依赖结构的影响,而没有考虑其他渠道行为变量。如果供应商和零售商将消费者的品牌忠诚和店铺忠诚作为渠道管理的战略工具,那么消费者的两种忠诚必然会对其他渠道行为(如冲突、合作、信任、承诺及长期导向等)产生影响。因而未来的研究应该检验消费者的两种忠诚行为对其他渠道行为的影响,进一步拓展传统渠道行为理论的研究。

其次,在将消费者行为纳入渠道行为研究框架的过程中,我们只考虑了消费者品牌忠诚和店铺忠诚两种行为,如果消费者的行为会对零供关系中的互动行为产生影响,那么消费者的其他行为,如消费者对零售商店的信任、情感依恋以及消费者对供应商品牌的信任、情感等也可能对零供关系中的依赖结构和互动行为产生影响。这也构成了未来研究的一个重要方向。

最后,虽然我们收集了与零售商店—供应商品牌相配对的消费者数据,但零供关系中的数据都是从零售商一方收集的,零售商店的楼层(品类)经理对零供关系中依赖结构、冲突等行为的感知可能只代表了零售商一方的情况,数据在反映供应商一方情况时可能存在偏差。虽然这是传统渠道行为研究收集数据的主要方法,但未来的研究应该考虑从渠道关系双方收集数据,以更好地反映渠道关系状态。

8 结论、问题与研究方向

8.1 研究的主要结论与特色

8.1.1 研究的主要结论

本书从社会嵌入的视角展开渠道权力、依赖、冲突与合作等行为变量的实证研究,在探索性定性研究和理论建构的基础上实证检验了营销渠道网络结构嵌入、关系嵌入以及社会资本对渠道依赖、渠道权力及其应用、冲突与合作等变量的影响机制,主要研究结论可以概括为以下四个方面:

第一,渠道网络结构对渠道权力应用及其结果的影响。

从社会网络结构嵌入的角度,实证研究一(见第4章)将传统渠道行为研究中的"制造商—经销商"二元关系拓展为"制造商—经销商群体",将衡量经销商群体网络结构的两个变量——网络密度和经销商的网络中心性引入渠道权力、冲突与合作研究框架,发现经销商的网络结构通过两种机制对渠道行为产生影响。一方面,经销商群体的网络密度和经销商的网络中心性对制造商应用非强制性权力均有显著正向影响,而对制造商应用强制性权力没有显著影响。另一方面,上述两个网络结构变量作为调节变量还会显著放大或缓冲制造商渠道权力应用的结果,即对渠道冲突与渠道合作的影响。其中,经销商网络密度和网络中心性显著正向调节渠道权力应用与合作间的关系,即两个网络结构变量均会显著地放大强制性权力应用对合作的负向影响和非强制性权力应用对合作的正向影响;经销商网络中心性显著负向调节渠道权力应用与冲突之间的关系,即网络中心性会缓冲强制性权力应用对冲突的正向影响和弱化非强制性权力应用与冲突之间的关系。此外,通过与现有研究文献(张闯等,2010)的比较,研究还发现网络密度在不同渠道情境中的作用机制存在比较大的差异,这表明在对渠道网络结构影响机制的研究中应当充分地考虑渠道情境因素。

第二,渠道关系强度对渠道权力应用的影响。

从社会网络关系嵌入的角度,实证研究二(见第5章)将渠道关系强度变量引入渠道权力研究,并实证检验了渠道关系强度的不同维度对渠道权力应用的影响。实证研究表明渠道关系强度四个维度所包含的情感要素和行为要素对制造商渠道权力的应用方式存在不同影响。其中,代表关系强度行为要素的亲密程度与互惠程度对渠道成员应用强制性权力和非强制性权力分别具有负向和正向显著影响,即渠道关系强度中的行为要素会显著地抑制制造商强制性权力的应用,促进其非强制性权力的应用;而代表关系强度情感要素的情感强度对制造商应用强制性权力有显著正向影响,而对其应用非强制性权力没有显著影响。此外,关系强度中代表渠道关系持续时间的相对客观的衡量要素——渠道关系长度对权力应用方式没有显著影响。研究发现渠道关系嵌入的行为和情感要素对渠道权力应用有不同影响,从而强调了加强对渠道关系情感要素对渠道行为影响研究的必要性。

第三,渠道成员社会资本作为渠道权力的来源。

在社会资本理论和中国本土文化背景下,实证研究三(见第6章)将企业社会资本变量引入渠道权力与依赖的研究,力图拓展传统渠道权力理论中关于渠道权力来源的研究。实证研究发现制造商的社会资本对其渠道权力有显著的正向影响,即企业的社会关系构成了制造商重要的渠道权力基础。制造商的社会资本对经销商的渠道依赖并没有显著影响,但以中国本土社会心理学理论为基础,研究证实在中国文化背景下渠道权力作为依赖的前因变量对其有显著正向影响,即经销商由于感知到制造商的渠道权力而对其有所依赖,而不是经销商的依赖产生了制造商的渠道权力(Zhuang & Zhou,2004)。上述研究发现一方面拓展了传统渠道权力基础的研究,另一方面表明将中国本土文化要素纳入渠道行为研究的必要性。

第四,消费者品牌忠诚行为对零售商—供应商关系中依赖结构的影响。

同样建立在社会网络结构嵌入理论的基础上,实证研究四(见第7章)将传统渠道行为研究没有充分关注的消费者纳入分析框架,从而将传统渠道行为分析视角中的二元渠道关系(零售商—供应商)拓展为"消费者—零售商—供应商"这一三元结构,并以百货商店与运动休闲服饰品牌供应商之间的关系为研究对象,采用来自零售商和消费者的双边配对数据对消费者的品牌忠诚和店铺忠诚行为对零售商—供应商关系中依赖结构的影响进行了实证检验。实证研究发现消费者的品牌忠诚行为对零售商的依赖有显著正向影响,但对供应商依赖无显著影响;而消费者的店铺忠诚行为则对供应商的依赖有显著正向影响,但对零售商依赖无显著影响。该研究发现一方面证实了在消费者—零售商—供应商这一三元结构中,供应商—消费者关系(品牌忠诚机制)和零售商—消费者关系(店铺忠诚机制)对零售商—供应商关系中行为变量的影响,从而证实了三元渠道关系中网络结构嵌入的影响;另一方面,表明渠道行为研究有必要将消费者行为纳入分析框架,因为消费者的行为会对渠道上游商业渠道子系统中渠道关系中的互动行为产生直接影响。

8.1.2 研究的主要特色与贡献

本书的核心特色与理论贡献在于从社会网络视角展开渠道行为研究,通过一系列社会网络理论中核心变量的引入突破了传统渠道行为研究的二元分析范式,拓展与丰富了渠道权力、依赖、冲突与合作等渠道行为的研究文献。具体而言,本书的特色与理论贡献主要体现为以下四个方面:

第一,对突破渠道行为研究二元分析视角的尝试。突破传统二元分析范式,对渠道行为进行网络研究是更贴近营销渠道网络化结构特征的研究视角(Anderson, et al., 1994),也能够更加深入地分析渠道行为在网络背景中的运行机制(张闯,2008a,c)。虽然从 20 世纪 90 年代早期就有学者不断地倡导与呼吁要对渠道行为进行网络分析(如 Anderson, et al., 1994; Achrol, 1997; Achrol & Kotler, 1999; Antia & Frazier, 2001; Van den Bulte & Wuyts, 2007),但对渠道网络结构变量的有效测量构成了学者们采用网络视角对渠道行为进行研究的一个重要障碍(张闯,2011)。在社会网络理论和一些优秀学者探索性研究积累的基础上(如 Antia & Frazier, 2001; Van den Bulte & Wuyts, 2007; Swaminathan & Moorman, 2009),本书对突破传统二元分析范式,采用网络视角对渠道权力等行为进行实证研究作了探索性尝试。一方面,我们在定性研究的基础上,借鉴 Antia 和 Frazier(2001)等学者的操作化方式,将一对一的二元渠道关系拓展为一对多的渠道网络,并对渠道网络结构变量的影响进行了实证研究;另一方面,我们通过将消费者纳入分析框架,将一对一的二元关系拓展为三元渠道关系,并实证检验了二元关系之间的影响机制。本书的实证方案设计和研究发现对突破传统二元分析范式对渠道行为进行网络研究具有较大的启发与借鉴价值。

第二,将消费者纳入渠道行为研究。在营销渠道中消费者既是承担一定渠道功能的渠道成员,也是由制造商、批发商和零售商构成的商业渠道子系统服务的对象。在传统理论研究中,消费者的作用几乎被忽视了(Krishnan & Soni,1997)。就渠道依赖—权力研究而言,消费者的作用没有受到重视的原因在于消费者的权力太小,因而难以对制造商—分销商关系中的权力结构产生影响(Butaney & Wortzel,1988)。本书将消费者忠诚理论与渠道依赖理论整合到一个研究框架中,将消费者的品牌忠诚和店铺忠诚分别作为消费者与品牌供应商和零售商建立联系的机制,从而将消费者行为纳入渠道依赖研究框架,实证研究证实了消费者行为对零售商—供应商关系中依赖结构的重要影响。本书对突破二元分析范式和探索、考察消费者行为在渠道行为理论中的作用机制具有重要启发价值。

第三,社会网络视角下对渠道权力来源理论的拓展研究。传统渠道权力理论中关于权力来源的研究主要建立在社会交换理论和社会权力基础理论的基础上,两种视角的权力来源统一于企业的资源基础理论和资源依赖理论(Zhuang & Zhou,2004),即认为渠道权力来源于渠道成员所拥有的各种资源。本书以社会资本理论为基础,拓展了渠道权力来源理论,认为渠道成员所拥有的社会关系是其产生权力的基础,实证研究证实了这一假设。实际上,在传统渠道权力理论中,渠道关系中的权力—依赖结构被视为影响其他渠道行为的基础变量(Zhou, et al.,2007;Palmatier, et al.,2007),因而很少有研究对渠道权力的来源进行拓展性研究。因此,本书的发现拓展了渠道权力来源的研究视野,也丰富了渠道权力来源的研究文献,对从网络角度继续深入探索渠道权力的来源具有重要借鉴意义。与此同时,此项研究也表明将中国本土文化要素融入到渠道行为理论研究中的必要性。由于中国文化传统和社会制度与西方社会的重大差异,只有将本土文化与制度要素纳入研究框架才能更为充分地解释中国企业的渠道行为现象。

第四,关系嵌入视角下关系情感与行为要素对渠道行为不同影响机制的实证研究。由两个渠道成员构成的二元渠道关系一直是渠道行为理论分析的基本单位(Achrol, et al., 1983),但传统的研究主要关注的是渠道关系行为要素,缺少对关系嵌入视角中情感要素的关注(Kidwell, et al., 2011)。本书从社会网络关系嵌入的视角,将渠道关系强度引入渠道权力研究,并实证检验了关系强度的行为与情感要素对渠道权力应用行为的不同影响。研究发现进一步丰富了渠道权力理论的研究文献,也对关注渠道关系中的情感要素及其与行为要素的不同作用的研究具有一定的启发价值。

8.2 研究相关的几个问题

关于四项实证研究的局限性我们已经在各个章节中有所论述,此处就网络视角下渠道行为研究涉及的几个关键问题再作些补充说明。

8.2.1 关于渠道网络结构的测量

在将社会网络理论引入渠道行为理论研究的过程中,对渠道网络结构的测量始终都是一个巨大的挑战和障碍。实际上,这种挑战不仅仅存在于营销学研究领域,在管理学各个领域的研究中也都同样存在(关于组织管理研究领域中社会网络分析范式下的文献研究,参见张闯,2011)。社会网络理论的一般性使得该理论适用于组织不同层面的分析(Contractor, et al., 2006),相对于个人和群体等组织内部的分析层面而言,组织层面的研究在操作方面面临着更大的挑战,这种挑战主要来自网络边界的开放性和组织层面调查的难度(Marsden, 2005)。在组织内部的研究中,由于组织的边界设定了组织内部人际网络或者部门间网络的边界,因而网络结构的测量问题相对比较容易解决。但在组织间网络中,由于网络边界的开放性,要准确地测量组织间网络的结构显然更为困难。为了解决这个问题,二手数据在组织间网络的研究中扮演了非常重要的角色,如在战略联盟网络的研究中,学者们可以通过限定行业,进而根据战略联盟相关的数据库提供的二手数据来相对准确地测量网络的结构(如 Swaminathan &

Moorman，2009）。虽然二手数据在某种程度上解决了数据收集与网络边界等问题，但学者们却往往在网络变量的测量环节不得不根据数据的内容来决定测量的方法。这种操作一方面造成了学者们对相同网络变量不同的测量方式，另一方面由于数据有限而不得不以非常简化的方式来测量一些网络变量，从而可能会带来测量的误差（Schilling，2008）。

在社会网络理论中，对网络边界的确定始终是一个核心的议题，因为网络边界的确定是准确测量网络结构的前提，学者们也提出了一些被很多研究所遵循的确定网络边界的方法（Laumann，Marsden & Prensky，1989；Heath，Fuller & Johnston，2009）。对于组织间网络来说，网络的结构是开放的，无限延展的网络并不存在明确的边界，因而出于研究的需要任何网络边界的界定都难以避免地带有研究者主观的色彩（Anderson, et al., 1994）。网络的边界问题对于采用整体网（whole network）研究视角的研究来说显得异常重要，网络边界如何界定不仅决定了研究的质量，也意味着不同的数据收集的工作量，当网络的规模过大时，从整体角度来测量网络结构往往会面临非常巨大的工作量，甚至会使得研究缺少了可操作性。从强调网络客观结构影响的社会网络理论传统来看，如果网络的边界界定是科学的，那么整体网络的研究将能够更好地反映网络的结构形态及其影响。在网络边界难以清晰界定的情况下，自我中心网络（egocentric network）研究视角提供了一种替代的方案。自我中心网络方法以某个焦点行动者（focal actor，该行动者就被称为 ego）为中心，关注以该行动者为中心的一个社会网络。虽然这种方法无法关注整体网络带给行动者的影响，但是可以将网络理论的视角与传统的以个体为中心的研究方法很好地结合起来，从而使得采用抽样调查的方法收集数据成为可能（Borgatti & Foster，2003）。但个体中心网络的数据收集方法不仅难以反映更大范围网络的结构和作用机制，对每个自我中心网络的测量也打上了更多受访者主观的烙印（Marsden，2005）。

虽然社会网络学者一再强调客观网络结构的作用（Kilduff，Crossland，Tsai & Krackhardt，2008），并且网络结构也是一种客观的存在，但网络中的行动者如果在决策和行动时考虑了网络的结构，并且根据网络结构来决策和行为，那么他依据的是客观存在的网络，还是他感知、认识到的网络呢？这似乎是一个关乎认识论的大问题。与社会网络理论所倡导的观点不同，同样有着较为长久的网络理论传统，主要关注产业营销（industrial marketing）问题研究的 IMP 集团学者基于社会建构主义视角提出了一个网络图景理论(Henneberg, Mouzas & Naudé, 2006; Mouzas, Henneberg & Naudé, 2008; Geiger & Finch, 2010)。他们认为企业所在的网络结构是一种客观的存在,但企业的经理人往往是根据其对网络结构的主观感知与认识来作出决策的。与这种观点相应,对渠道网络的研究也许就不必拘泥于对客观的渠道网络结构的测量,而可以将关注点转向渠道边界人员对渠道网络的认知。在渠道行为理论研究中,一些学者尝试从受访者主观感知的角度来测量其所在的网络结构(Antia & Frazier, 2001),并开发了测量量表。本书涉及渠道网络结构变量的测量也参照了上述研究所开发的量表。但由于 Antia 和 Frazier(2001)的研究背景是渠道成员身份比较明确,渠道成员间关系也较为紧密的特许渠道,这种渠道与一般的经销或代理渠道存在一些较为明显的差异,并且中国与美国在社会文化与商业制度等方面的差异也让我们不得不谨慎地采用 Antia 和 Frazier(2001)的量表。为了提高研究的质量,我们在问卷调查之前针对 14 个企业进行了一项探索性研究,旨在探索渠道边界人员认知渠道网络的状态与机制。

　　如我们在第 3 章中所报告的,渠道边界人员的头脑中存在一个相对清晰,但作用机制却颇为复杂的网络观念。首先,在渠道边界人员的认知概念中,他们很少会一对一地处理与渠道伙伴的关系,在决策中都会更多地考虑渠道网络中的其他成员。渠道边界人员认知的网络成员主要包括两类:一是企业自己的竞争对手;二是渠道伙伴的竞争者。如对于零售商的采购经理而言,在处理与供应商的关系时,他们不仅会考虑其他零售商的相关渠道政策与行为,还会考虑其他供应商的反应。与直接参与渠道活动的企业相比,很少有渠道边界人员将政府、银行、物流公司等组织与渠道辅助成员纳入他们的认知网络范围。

　　其次,渠道边界人员认知的渠道网络由两个相互交织的层面构成,即企业间网络和跨组织人际关系网络。企业间网络的轮廓是相对清晰而简单的,但跨组织人际关系网络则由于渠道边界人员在组织中所处的管理层级不同而呈现出颇为复杂的分层与相互交叉。跨组织人际关系网络与企业间网络共同作用于渠道边界人员的管理决策,从而影响着渠道成员的行为。显然,从中国文化传统的角度来看,这种现象颇为平常,但它却提出了一个非常具有挑战性,同时也具有非常强的本土相关性的问题,我们该如何深刻地理解与解释两个层面网络对渠道行为的作用机制?对于这一点我们稍后会尝试展开几个研究方向的展望。

可见,虽然感知的方式也许是一种比较主观的网络变量测量方式,但我们的探索性研究和实证研究结果都表明这是一种可以尝试的方法。也许社会网络学者们难以接受这种有悖社会网络理论传统的测量方法,但在网络边界的确定本身就富有争议的前提下,这不妨是一种可以考虑的方式。与此同时,我们也必须强调,未来的研究中仍然需要不断探索与寻找更加准确、更加接近社会网络理论所强调的"客观"的渠道网络结构测量方法。

8.2.2 关于社会网络的解释机制

社会网络理论的传统历来比较注重网络的结构,认为网络的结构影响着网络中行动者的行为(Wellman,1988)。在Granovetter(1985,1992)的奠基性研究中,社会网络对行动者行为的影响既来自网络的结构,也来自行动者所拥有的二元关系的内容与性质,即结构嵌入机制与关系嵌入机制。本书正是以这种嵌入理论的观点为基础分别在网络结构和关系强度两个方面展开实证研究的。但嵌入的观点实际上强调了社会网络研究中需要进一步弥合的一个理论空隙,即如何将网络结构与网络中关系的内容、性质与强度等因素相融合(Brass, et al.,2004)。社会网络理论对结构的强调使其抽象掉了网络中关系的内容与性质,而将关系简单地处理为是否存在关系,这种抽象与简化显然损失了很多网络与关系的丰富性的内涵。由于社会网络结构本身并没有内容,缺少了内容的社会网络也就无从解释什么样的社会关系可能对企业的行为产生什么样的影响(Uzzi,1996),因此结构嵌入的影响很大程度上有赖于二元关系的内容与性质(Rowley, et al.,2000),这使得关系嵌入成为理解网络结构对企业行为影响的一个重要起点(Barden & Mitchell,2007)。但如果将分析的视野仅仅限定在二元关系以内,固然可以更多地考虑关系的内容与性质,但该关系所嵌入其中的更大的社会网络结构却被忽视了,从而容易陷入"二元原子化陷阱"(Granovetter,1992)。在社会网络范式下的管理学研究领域,社会网络理论解释机制的分野是清晰可见的(张闯,2011)。因此,对于营销渠道行为研究而言,未来的研究不仅需要继续深化网络结构与关系嵌入机制对渠道行为影响的研究,如何在网络理论的解释机制上将两种机制更为有效地融合更是一个重要的挑战和任务。

8.2.3 关于网络分析的研究层面

无论是结构嵌入,还是关系嵌入,社会网络研究的层面主要包括个人网络(interpersonal network)、群体网络(intergroup 或 interunit network)、组织网络(inter-organizational network),以及上述三个层面相互交叉的层面(Kiduff & Tsai,2003;Brass,et al.,2004)。对于营销渠道行为理论来说,传统研究的分析层面主要在组织层面(Stern & Brown,1969),而较少关注个人层面以及跨组织人际关系的作用(Weitz & Jap,1995;Su,et al.,2009)。正如 Palmatier 等(2006)所指出的,在 B2B 关系中,当跨组织人际关系得到很好的发展时,组织间交换关系可以更加有效。商业关系的强度在很大程度上取决于代表两个企业进行互动的人际间关系,而非组织间关系(Perrone,Zaheer & McEvily,2003)。B2B 营销理论中关于信任、承诺与忠诚等行为的跨层面研究已经呈现出跨组织人际间与组织间两个层面复杂的相互作用机制(如 Iacobucci & Ostrom,1996;Doney & Cannon,1997;Nicholson,Compeau & Sethi,2001;Haytko,2004;Palmatier,et al.,2006;Palmatier,Scheer,Houston,Evans & Gopalakrishna,2007;Jones,Taylor & Bansal,2008;Fang,Palmatier,Scheer & Li,2008)。如前文所述,我们的前期定性研究也已经表明渠道成员的决策是在组织间网络与跨组织人际间网络相互作用下作出的,因此为了提高网络嵌入机制对渠道成员行为的解释力,我们需要在不同的层面上展开研究,显然这是本书未能完成的任务。跨组织人际关系与组织间关系相互作用对渠道行为影响的研究正在逐渐展开,我们可以在不断深化的这个研究方向上融入网络视角,用网络嵌入机制更为深刻地解释渠道成员的行为。

8.2.4 从"二元范式"到网络分析的转换路径

从传统的二元分析范式向网络分析转换,这已经是渠道行为研究的一个非常重要的方向,学界在这一点上也已经达成了共识,但关键的问题在于,该如何转换。显然,直接从二元关系转向整体渠道网络分析是不现实的,似乎也是不可能完成的。根据社会网络分析的结构主义传统(Borgatti & Foster,2003),网络由不同的单元所构成,除了行动者和行动者之间的二元关系(dyads)以外,还包括从微观向宏观层面过渡的三元关系(triads)、四元关系(tetrads)、子群(cliques),直到整个网络(network)(Wasserman & Faust,1994)。二元关系是构成网络的基本单元,以二元分析为基础向整体网络分析的转换可能首先需要加强对二元关系基础上的过渡单位的分析。三元关系被认为是将二元关系推广到宏观网络的重要过渡单元(Madhavan,Gnyawali & He,2004),但通过将二元关系拓展为三元关系,已经使得结构嵌入机制能够发挥作用(Emerson,1972)。因此,我们认为从二元分析范式向网络分析转换的方案之一是展开更多三元关系的分析。近年来,越来越多的研究都采用这种研究设计(如 Wathne & Heide, 2004;Wuyts,et al.,2004;McFarland,et al.,2008;Kim,et al.,2011;Kumar, Heide & Wathne,2011),探讨相互联结的渠道关系之间的相互影响机制。本书第 7 章关于消费者忠诚对零供关系中依赖结构影响的研究就属于这一类研究。

其次,参照 Antia 和 Frazier(2001)、Vinhas、Heide 和 Jap(2012),以及本书第 4 章研究的拓展方式,将一对一的二元渠道关系拓展为一对多的单边网络。这种研究设计可以固定二元渠道关系的一边,而将另一边放大为一个渠道成员群体,通过测量单边渠道网络的结构来解释网络结构变量对渠道行为的影响机制。这种研究设计类似于社会网络分析中的自我中心网络,二元关系中被固定的一端作为网络的中心成员(ego),而另一边被放大为群体的渠道成员(alters)则具有相互替代的竞争机制。这种研究设计的优点在于它可以和传统研究设计中的抽样方法、测量方法结合起来。

最后,将二元渠道关系两边都拓展为群体,形成多对多的双边渠道网络。显然,这种渠道网络形态与其现实形态更为接近。这种双边渠道网络研究中涉及相互关联的三个网络:渠道关系双边各自的网络(如供应商群体网络与零售商群体网络)和整体的网络(如零供渠道网络)。而要关注哪个网络的影响,可能还是要依赖于研究问题以及研究的角度。

在目前进行大范围网络研究操作比较困难的情况下,我们认为可以更多地进行第一类和第二类的研究,这两类研究在研究设计上相对容易,又可以将研究问题与研究发现直接与二元分析范式进行比较,从而渐次从二元分析向网络分析转换。

8.2.5 关于中国社会中人际关系的作用

作为一个文化嵌入性变量(Yang & Wang, 2011),中国社会中的人际关系(*guanxi*,一些文献也称之为私人关系)被认为是中国社会最为重要的机制之一(Hwang, 1987; Xin & Pearce, 1996),是中国商务活动的命脉(Luo, 1997; Peng & Luo, 2000),中国商业活动对关系的强调构成了与西方商业活动最为不同的方面(Davies, et al., 1995)。鉴于人际关系在中国企业间营销活动中的重要作用,一些学者甚至将基于关系的营销称为关系营销的中国版本(Ambler, Styles & Wang, 1999)。但相对于西方的关系营销概念,关系具有以下重要的差异性特征(Wang, 2007):关系更加人格化(personal),因为它主要以友谊为基础发挥作用;关系包括感情(affective attachment 或 ganqing)这一概念,通常是衡量情感承诺和亲密性水平的指标;关系在性质上具有排他性(particularistic),而非普惠性(universalistic),因为关系主要是针对特定关系网的,关系规范并不适用于社会网络外部的成员。中国社会中人际关系的上述特征与社会网络嵌入机制之间存在着比较紧密的匹配性。首先,就二元关系来说,中国社会中的人际关系强调的是感情,许多研究中,感情被当作人际关系的一个核心要素(如 Lee & Dawes, 2005; Barnes, Yen & Zhou, 2011),这与关系嵌入观点是一致的。其次,中国社会中的人际关系形态是网络化的,网络内部成员之间的相互信任与互惠是影响网络成员行为的重要机制。

显然,将人际关系机制与网络嵌入机制相融合,进而解释渠道成员的互动行为是本书未能完成的任务。实证研究三从社会资本的角度考察了企业的社会关系(操作化为企业高层管理人员的人际关系)对渠道权力与依赖的影响,似乎或多或少地体现了这种融合的努力,但实际上差距甚远。在现有文献中,采用社会资本理论的观点,将关系分成商业关系和政治关系两个维度来测量是一种比较普遍的做法(如 Su, et al., 2009; Nie, Zhong, Zhou, Jiang & Wang, 2011; Sheng, Zhou & Li, 2011),但这种概念化方法倾向于从整体上测量关系的类型与广度,类似于庄贵军(2007,2012)所称的"人脉",也更接近社会资本的概念,而缺少了关系的内涵。未来的研究中,如果要把人际关系与网络视角相融合,首先涉及前文所述的结构嵌入与关系嵌入的融合问题,失去了内容的人际关系是空洞的,也就失去了中国文化情境所特有的要素,从某种程度上说,这是一个比融合关系与结构嵌入更大的挑战。其次,是研究层面的问题。由于人际关系在中国企业渠道关系中的基础性作用,两个层面网络各自的影响机制以及它们的相互作用对渠道行为的影响机制在中国文化情境中的独特性与重要性更为突出。显然,这是未来研究的方向与挑战,也是建构本土营销渠道行为理论的机会。

8.3 未来研究方向

在上一节的论述中,我们已经或多或少地描述了社会网络视角下渠道行为研究的未来方向,但这些方向大多是一些比较宏观或比较大的问题,本节我们再提出一些比较具体的未来研究方向,以启发后续的研究。

8.3.1 拓展渠道网络结构对渠道行为影响的研究

网络结构嵌入是社会网络理论解释行为主体行为的核心机制,从社会网络结构主义传统的角度来看,网络结构将会对主体的行为产生广泛的影响(Wasserman & Faust, 1994; Kilduff & Tsai, 2003)。由此看来,营销渠道的网络结构将会对诸多渠道行为产生影响。本书主要关注了网络密度、网络中心性两个网络结构变量对渠道权力应用的影响,及其对权力应用与冲突、合作间关系的调节作用。未来可以围绕以下四个方面进行拓展性研究:第一,渠道网络密度和渠道成员网络中心性两个核心网络结构变量对其他渠道行为(如沟通、公平、信任与承诺等)的影响。第二,将更多的渠道网络结构变量(如网络规模、网络中心化程度、网络结构效率等)引入渠道行为研究,并检验这些结构变量对渠道权力应用、冲突、合作、沟通等渠道行为的影响。第三,继续拓展网络分析的范围,本书实际上只关注了经销商群体一方的网络结构,未来的研究应该将渠道关系双方的网络都纳入分析范围,检验渠道整体网络结构对渠道行为的影响。第四,在不同层面上展开分析,即分析与检验企业间网络结构与跨组织人际关系网络结构及其相互作用对渠道行为的影响。

8.3.2 拓展渠道关系强度及其不同层面对渠道行为影响的研究

社会网络关系嵌入视角下的渠道关系强度对渠道行为的影响是与传统二元分析范式直接相关的,根据嵌入理论,渠道关系强度也会对其他渠道行为产生影响。本书只关注了组织层面渠道关系强度对渠道权力应用的影响,未来的研究可以从以下几个方面展开:第一,关注渠道关系强度及其不同维度对其他渠道行为(如冲突、合作、满意、沟通、信任与承诺等)的影响。第二,关注不同层面的关系强度及其相互作用对渠道行为的影响。这个方向的研究可以分别在组织间关系和跨组织人际间关系两个层面测量关系强度对关系内渠道互动行为的影响。第三,对渠道关系强度的驱动因素进行研究。在内涵上,渠道关系强度是与关系质量等变量有交叉的变量,因而它既可能对一些渠道行为产生影响,也可能受到一些渠道行为的影响。如果关系强度是渠道关系管理的一个重要目标,那么研究其驱动因素就更加具有现实意义。第四,将本土人际关系理论融入关系强度,尤其是跨组织人际关系层面关系强度的研究,并检验其对渠道行为与结果的影响,这将有利于促进本土化渠道行为理论的建构。

8.3.3 拓展渠道成员社会资本对渠道行为影响的研究

社会资本视角更为注重社会网络中可以动员和获取的资源,在某种程度上说,它同时包含了网络结构嵌入(关系的类型和广度)和关系嵌入(关系的强度)对主体行为的影响。并且在现有关于中国社会人际关系的研究中,社会资本理论是应用得最为广泛的研究视角之一。本书主要以企业资源基础理论和资源依赖理论为基础,拓展性地检验了企业社会资本对其渠道权力与渠道伙伴依赖的影响。未来的研究可以从以下几个方面展开:第一,检验企业社会资本对其他渠道行为(如冲突与合作、沟通、信任与承诺等)可能的影响。第二,对渠道成员社会资本的驱动因素进行研究。本书已经发现社会资本可以作为企业渠道权力的重要来源,那么如何积累与获得社会资本对于企业的渠道管理而言就具有比较强的现实意义。第三,进一步将社会资本理论与中国社会中的人际关系相融合,进一步将社会资本在渠道行为理论研究中的作用向本土化理论建构方向推进。

8.3.4 社会网络嵌入对渠道治理机制影响的研究

除了对上述传统渠道行为理论所关注的渠道行为产生影响以外,社会网络嵌入机制还可能对渠道治理机制产生影响(张闯,田敏,关宇虹,2012;张闯,李骥,关宇虹,2014)。渠道治理理论与渠道行为理论的理论基础与研究范式存在一些差别,现有研究文献中,以交易成本理论为代表的新制度经济学和以社会交换理论为代表的社会学理论及关系契约理论是对渠道治理理论研究影响最大的两大理论(Heide & Wathne, 2006; Hawkins, Wittmann & Beyerlein, 2008)。上述两种理论基础使得渠道治理理论的研究呈现出两种不同的导向。以交易成本理论为主导的研究强调渠道成员是追求利益最大化的主体,并且先天地具有投机行为的倾向(Rindfleisch & Heide, 1997);认为渠道成员具有精于算计的导向(calculative orientation),因而强调对渠道成员的选择、监督与激励(Stump & Heide, 1996; Heide, Wathne & Rokkan, 2007; Kumar, et al. , 2011)。与之相反,以社会学和关系契约理论为主导的研究则批评交易成本理论的"低度社会化(undersocialized)"观点(Granovetter, 1985),强调渠道交易关系的社会结果(social outcomes)和关系内的相互信任与双方共享的行为规范(norms)(Hawkins, et al. , 2008),认为渠道成员具有遵循社会行为规范的内在的启发式导向(heuristic orientation)(Heide & Wathne, 2006)。可见,在关于关系治理(relational governance)的研究中,关系嵌入的影响机制已经得到了比较充分的体现。在力图融合渠道治理理论的上述两种研究导向的过程中,Heide 和 Wathne(2006)以 Montgomery(1998)的角色嵌入理论为基础,认为角色理论(role theory)将有利于深化和整合渠道治理理论的研究。上述研究方向非常明确地阐释了社会网络嵌入对渠道治理机制的影响。

与关系嵌入的影响机制不同,现有文献对结构嵌入在渠道治理机制中的作用也多有强调,但实证研究文献尚不多见(如 Wuyts & Geyskens, 2005)。如 Geyskens,Steenkamp 和 Kumar(2006)指出治理理论需要考虑二元关系所嵌入的网络背景,网络中的社会机制(social mechanism)——声誉(reputation)和集体制裁(collective sanction)可以显著提高成员投机行为的成本。作者认为未来的研究应该突破二元分析范式而将网络背景纳入其中,因为网络方法不仅可以考虑治理机制在某个二元关系中所产生的价值,还可以从企业整个网络的角度考虑治理机制的选择能够给整个网络带来的影响。Hawkins, Wittmann 和 Beyerlein (2008)也同样强调了在网络背景下投机行为的影响机制在现有研究中被忽视了。

因此,未来的研究可以从以下几个方面展开社会网络嵌入对渠道治理影响的研究:第一,进一步拓展与深化渠道关系嵌入对治理机制与结果的影响,如检验渠道关系强度对关系治理、契约等治理机制,以及对投机行为与绩效等结果变量的影响。第二,将网络结构变量引入渠道治理研究,检验渠道网络结构变量对治理机制与治理结果变量的影响,现有少数文献强调了这一方向的研究潜力。第三,进一步将人际关系要素与网络嵌入机制相结合,并检验它们对渠道治理机制与治理结果的影响,少数研究文献已经展示了这一研究方向的潜力(如 Yang, et al., 2011;张闯,李骥,关宇虹,2014)。同样,这一方向的研究也将有利于促进中国本土渠道治理理论的发展。

8.3.5 深化与拓展消费者行为对 B2B 渠道关系中互动行为影响的研究

本书通过品牌忠诚与店铺忠诚机制将消费者纳入渠道行为研究框架,并为消费者行为对 B2B 渠道关系中权力结构的影响提供了初步的实证证据,但由于理论研究的薄弱,消费者行为对 B2B 渠道关系中互动行为的影响仍然是一个有待深入与拓展的研究领域。未来的研究可以从以下几个方面展开,以深化与拓展此领域的研究:第一,考察消费者品牌忠诚、店铺忠诚行为对其他渠道行为(如冲突、权力应用、合作、信任与承诺等)的影响。第二,将更多的消费者行为变量引入渠道行为研究,考察消费者的店铺信任与店铺承诺、品牌信任与品牌承诺等变量对渠道权力、冲突等行为变量的影响。第三,一些现有文献从渠道成员感知的角度检验了消费者对待品牌态度对渠道关系中渠道行为的影响,但也有研究表明渠道成员感知的偏差可能会对渠道行为带来不良的影响(Moreau, et al., 2001),因此,未来可以同时利用消费者调查数据和渠道成员感知数据进行对比研究,进一步检验感知差异对渠道行为及渠道关系的影响机制。

8.3.6 组织内部与组织间要素相互作用对渠道行为影响的研究

传统的渠道行为研究关注的基本层面是组织间关系,虽然近年来越来越多的研究将人际关系要素纳入了分析框架,但关注的焦点仍是跨组织人际关系,即组织间关系背景下的人际关系(如庄贵军,席酉民,2004)。但本书第3章的多案例探索性研究表明,跨组织人际关系往往与组织内部人际关系网络或组织内部组织机构存在着紧密的联系。这意味着,一方面,渠道边界人员之间的人际关系对渠道行为的影响可能是通过企业内部的组织与人际关系机制发生的;另一方面,跨组织人际关系的塑造与维持,以及渠道边界人员的渠道沟通行为也可能受到组织内部要素的影响。显然,组织内部要素与组织间要素之间是如何相互作用,并且作用于渠道成员行为的这一问题现有文献并没有给予足够的关注。在探讨渠道控制行为的作用机制时,庄贵军(2004)曾指出,渠道沟通行为是夹杂着组织内与组织间沟通的复杂沟通行为,这一观点实际上已经体现了组织内部与外部要素之间的相互作用,但我们并没有看到实证研究对上述宽泛的命题进行检验。

从渠道网络分析的角度来看,我们认为关注组织内部与外部要素相互作用对渠道行为的影响至少可以从以下几个方面展开:第一,组织内部要素如何影响渠道边界人员的跨组织渠道沟通行为?组织内部要素如企业制度与企业文化、企业高级经理的领导风格、组织内部网络(人际间网络与部门间网络)的结构特征都可能对渠道边界人员的跨组织渠道沟通行为产生影响。第二,组织内部要素如何影响渠道边界人员之间的关系,以及组织间关系?上述组织内部要素通过什么机制会对组织间和跨组织人际间渠道关系产生什么样的影响?第三,由于渠道关系涉及组织和边界人员两个层面,那么这两个层面之间在一些态度与行为上的匹配性如何影响渠道行为与渠道关系?如我们在第3章中已经讨论过渠道边界人员的角色及其平衡问题,那么企业的角色导向与渠道边界人员的角色导向之间的匹配与否会如何影响渠道行为与渠道关系?少数相关研究已经表明企业的关系导向(*guanxi* orientation)对渠道沟通行为的影响(Su, et al.,

2009),以及组织层面的渠道成员的角色导向对渠道治理机制选择的影响(Heide & Wathne,2006;Dong,Tse & Hung,2010),但对两个层面导向性的匹配问题尚缺少关注。上述几个研究方向除了可以不同程度地体现网络嵌入机制的影响以外,还可以和中国本土文化要素结合起来,从而具有更大的理论创新潜力。

参 考 文 献

[1] Achrol, Ravi S. (1997), "Changes in the Theory of Interorganizational Relations in Marketing: Toward a Network Paradigm", *Journal of the Academy of Marketing Science*, 25(1): 56—71.

[2] Achrol, Ravi S., Philip Kotler (1999), "Marketing in the Network Economy", *Journal of Marketing*, 63(Special Issue): 146—163.

[3] Achrol, Ravi S., Torger Reve and Louis W. Stern (1983), "The Environment of Marketing Channel Dyads: A Framework for Comparative Analysis", *Journal of Marketing*, 47(Fall): 55—67.

[4] Acquaah, M. (2007), "Managerial Social Capital, Strategic Orientation, and Organizational Performance in an Emerging Economy", *Strategic Management Journal*, 28(12): 1235—1255.

[5] Adler, P. S., S. W. Kwon (2002), "Social Capital: Prospects for a New Concept", *Academy of Management Review*, 27(1): 17—40.

[6] Ailawadi, Kusum L., Bari Harlam (2004), "An Empirical Analysis of the Determinants of Retail Margins: The Role of Store—Brand Share", *Journal of Marketing*, 68(January): 147—165.

[7] Ailawadi, Kusum L., Eric T. Bradlow, Michaela Draganska, Vincent Nijs, Robert P. Rooderkerk, K. Sudhir, Kenneth C. Wilbur, Jie Zhang (2010), "Empirical Models of Manufacturer-Retailer Interaction: A Review and Agenda for Future Research", *Marketing Letters*, 21(3): 273—285.

[8] Ailawadi, Kusum L., Kevin Keller (2004), "Understanding Retail Branding: Conceptual Insights and Research Priorities", *Journal of Retailing*, 80(4): 331—342.

[9] Ailawadi, Kusum L., Koen Pauwels, Jan-Benedict E. M. Steenkamp (2008), "Private-Lable Use and Store Loyalty", *Journal of Marketing*, 72(November): 19—30.

[10] Ailawadi, Kusum L., Scott A. Neslin, Karen Gedenk (2001), Pursuing the Value-Conscious Consumer: Store Brands Versus National Brand Promotions, *Journal of Marketing*, 65(January): 71—89.

[11] Ambler, Tim, Chris Styles, Wang Xiucun (1999), "The Effect of Channel Relationships and *Guanxi* on the Performance of Inter-Province Export Ventures in the People's Republic of China", *International Journal of Research in Marketing*, 16: 75—87.

[12] Anderson, James C., James A. Narus (1990), "A Model of Distributor Firm and Manufacturer Firm Working Partnerships", *Journal of Marketing*, 54(January): 42—58.

[13] Anderson, James C., Håkan Håkansson, Jan Johanson (1994), "Dyadic Business Relationships within a Business Network Context", *Journal of Marketing*, 58(October): 1—15.

[14] Antia, Kersi D., Gary L. Frazier (2001), "The Severity of Contract Enforcement in Interfirm Channel Relationships", *Journal of Marketing*, 65(October): 67—81.

[15] Athanasopoulou, Pinelopi (2009), "Relationship Quality: A Critical Literature Review and Research Agenda", *European Journal of Marketing*, 43(5/6): 583—610.

[16] Bagozzi, R. P., M. Gopinath, P. U. Nyer (1999), "The Role of Emotions in Marketing", *Journal of the Academy of Marketing Science*, 27(2): 184—206.

[17] Barden, Jeffrey, Will Mitchell (2007), "Disentangling the Influences of Leaders' Relational Embeddedness on Interorganizational Exchange", *Academy of Management Journal*, 50(6): 1440—1461.

[18] Barnes, Bradley R., Dorothy Yen, Lianxi Zhou (2011), "Investigating *Guanxi* Dimensions and Relationship Outcomes: Insights from Sino-Anglo Business Relationships", *Industrial Marketing Management*, 40: 510—521.

[19] Belliveau, M. A., C. A. O'Reilly III, J. B. Wade (1996), "Social Capital at The Top: Effects of Social Similarity and Status on CEO Compensation", *Academy of Management Journal*, 39(6): 1568—1593.

[20] Bloemer, Josée, Ko de Ruyter (1998), "On the Relationship Between Store Image, Store Satisfaction and Store Loyalty", *European Journal of Marketing*, 32(5/6): 499—513.

[21] Borgatti, Stephen P., Pacey C. Foster (2003), "The Network Paradigm in Organizational Research: A Review and Typology", *Journal of Management*, 29(6): 991—1013.

[22] Bove, Liliana, Lester W. Johnson (2001), "Customer Relationships with Service Personnel: Do We Measure Closeness, Quality or Strength?", *Journal of Business Research*, 54: 189—197.

[23] Boyle, Brett A., F. Robert Dwyer (1995), "Power, Bureaucracy, Influence, and Performance: Their Relationships in Industrial Distribution Channels", *Journal of Business Research*, 32: 189—200.

[24] Bradford, Kevin, Anne Stringfellow, Barton A. Weitz (2004), "Managing Conflict to Improve the Effectiveness of Retail Networks", *Journal of Retailing*, 80(3): 181—195.

[25] Brass, Daniel, Joseph Galaskiewicz, Henrich R. Greve, Wenpin Tsai (2004), "Taking Stock of Networks and Organizations: A Multilevel Perspective", *Academy of Management Journal*, 47(6): 795—817.

[26] Brass, Daniel J., Kenneth D. Butterfield, Bruce C. Skaggs (1998), "Relationships and Unethical Behavior: A Social Network Perspective", *Academy of Management Review*, 23(1): 14—31.

[27] Brass, D. J., M. E. Burkhardt (1993), "Potential Power and Power Use: An Investigation of Structure and Behavior", *Academy of Management Journal*, 36(3): 441—470.

[28] Brill, Jonathan E. (1992), "Scales to Measure Social Power in a Consumer Context", *Advances in Consumer Research*, 19: 835—842.

[29] Brown, James R., Robert F. Lusch (1983), "Conflict and Power-Dependence Relations in Retailer-Supplier Channels", *Journal of Retailing*, 59(4): 53—80.

[30] Buchanan, Lauranne (1992), "Vertical Trade Relationships: The Role of Dependence and Symmetry in Attaining Organizational Goals", *Journal of Marketing Research*, 29(February): 65—75.

[31] Butaney, Gul, Lawrence H. Wortzel (1988), "Distributor Power Versus Manufacturer Power: The Customer Role", *Journal of Marketing*, 52(January): 52—63.

[32] Burt, R. S. (1992), *Structural Holes: The Social Structure of Competition*. Cambridge, MA: Harvard University Press.

[33] Cannon, Joseph P., Ravi S. Achrol and Gregory T. Gundlach (2000), "Contracts, Norms, and Plural Form Governance", *Journal of the Academy of Marketing Science*, 28(2): 180—194.

[34] Casciaro, Tiziana, Kathleen M. Carley, David Krackhardt (1999), "Positive Affectivity and Accuracy in Social Network Perception", *Motivation and Emotion*, 23(4): 285—305.

[35] Chaudhuri, Arjun, Morris B. Holbrook (2001), "The Chain of Effects from Brand Trust and Brand Affect to Brand Performance: The Role of Brand Loyalty", *Journal of Marketing*, 65(April): 81—93.

[36] Chen, Xiaoyun, Jie Wu (2011), "Do Different *Guanxi* Types Affect Capability Building Differently? A Contingency View", *Industrial Marketing Management*, 40: 581—592.

[37] Chiou, Jyh-Shen, Lei-Yu Wu, Min-Chieh Chuang (2010), "Antecedents of Retailer Loyal-

ty: Simultaneously Investigating Channel Push and Consumer Pull Effects", *Journal of Business Research*, 63(4): 431—438.

[38] Chung, S, Singh, H, Lee, K. (2000), "Complementarity, Status Similarity and Social Capital as Drivers of Alliance Formation", *Strategic Management Journal*, 21(1): 1—22.

[39] Claro Danny Pimentel, Hagekaar Geoffery, Omta Onno (2003), "The Determinants of Relational Governance and Performance: How to Manage Business Relationships?", *Industrial Marketing Management*, 32 (8):703—713.

[40] Coleman, J. (1990), *Foundations of Social Theory*, Cambridge, MA: Belknap.

[41] Contractor, Noshir S., Stanley Wasserman, Katherine Faust (2006), "Testing Multi-theoretical, Multilevel Hypotheses about Organizational Networks: An Analytic Framework and Empirical Example", *Academy of Management Review*, 31(3): 681—703.

[42] Cook, Karen S., Richard M. Emerson (1978), "Power, Equity and Commitment in Exchange Networks", *American Sociology Review*, 43(October): 721—739.

[43] Corstjens, Marcel, Rajiv Lal (2000), "Building Store Loyalty through Store Brands", *Journal of Marketing Research*, 37(August): 281—292.

[44] Dacin, M. Tina, Marc J. Ventresca, Brent D. Beal (1999), "The Embeddedness of Organizations: Dialogue & Directions", *Journal of Management*, 25(3): 317—356.

[45] Dapiran, G. Peter and Sandra Hogarth-Scott (2003), "Are Co-operation and Trust being Confused with Power? An Analysis of Food Retailing in Australia and UK", *International Journal of Retail & Distribution Management*, 31(5): 256—267.

[46] Davies, H., Leung, T. K. P., Luk, S. T. K., & Wong, Y. H. (1995), "The Benefits of *Guanxi*: The Value of Relationships in Developing the Chinese Market", *Industrial Marketing Management*, 24(2): 207—214.

[47] Davis, Donna F., John T. Mentzer (2008), "Relational Resources in Interorganizational Exchange: The Effects of Trade Equity and Brand Equity", *Journal of Retailing*, 84(4): 435—448.

[48] Davis-Sramek, Beth, Cornelia Droge, John T. Mentzer, Matthew B. Myers (2009), "Creating Commitment and Loyalty Behavior among Retailers: What are the Roles of Service Quality and Satisfaction?", *Journal of the Academy of Marketing Science*, 37(4): 440—454.

[49] Dhanaraj, Charles, Marjorie A. Lyles, H. Kevin Steensma, Laszlo Tihanyi (2004), "Managing Tacit and Explicit Knowledge Transfer in IJVs: The Role of Relational Embeddedness and the Impact on Performance", *Journal of International Business Studies*, 35: 428—442.

[50] Dick, Alan S., Kunal Basu (1994), "Customer Loyalty: Toward an Integrated Conceptual Framework", *Journal of the Academy of Marketing Science*, 22(1): 99—113.

[51] Dodds, W. B., Monroe, K. B., Grewal, D. (1991), "The Effects of Price, Brand, and Store Information on Buyer's Product Evaluations", *Journal of Marketing Research*, 28(3): 307—319.

[52] Doney, Patricia M., Joseph P. Cannon (1997), "An Examination of the Nature of Trust in Buyer-Seller Relationships", *Journal of Marketing*, 61(April): 35—51.

[53] Dong, Maggie Chuoyan, David K. Tse, Kineta Hung (2010), "Effective Distributor Governance in Emerging Markets: The Salience of Distributor Role, Relationship Stages, and Market Uncertainty", *Journal of International Marketing*, 18(3): 1—17.

[54] Dwyer, F. Robert (1980), "Channel Member Satisfaction: Laboratory Insights", *Journal of Retailing*, 56(Summer): 59—74, 94.

[55] Dwyer, F. Robert, P. H. Schurr, Sejo Oh (1987), "Developing Buyer-Seller Relationships", *Journal of marketing*, 51(2): 11—27.

[56] El-Ansary, Adel I. (1975), "Determinants of Power-Dependence in the Distribution Channel", *Journal of Retailing*, 51(2): 59—74, 94.

[57] El-Ansary, A. I., L. W. Stern (1972), "Power Measurement in the Distribution Channel", *Journal of Marketing Research*, 9(1): 47—52.

[58] Emerson, R. M. (1962), "Power-Dependence Relations", *American Sociological Review*, 27(1): 31—41.

[59] Emerson, Richard M. (1972), "Exchange Theory, Part II: Exchange Relation and Network Structures", in J. Berger, M. Zelditch and B. Anderson(Eds.), *Sociological Theories in Progress*. New York: Houghton Mifflin.

[60] Etgar, Michael (1976), "Channel Domination and Countervailing Power in Distributive Channels", *Journal of Marketing Research*, 13(August): 254—262.

[61] Etgar, Michael (1978), "Differences in the Use of Manufacturer Power in Conventional and Contractual Channels", *Journal of Retailing*, 54(4): 49—62.

[62] Etgar, Michael (1979), "Sources and Types of Intrachannel Conflict", *Journal of Retailing*, 55(1): 61—78.

[63] Fahy, John and Alan Smithee (1999), "Strategic Marketing and the Resource Based View of the Firm", *Academy of Marketing Review*, 10: 1—20.

[64] Fang, Eric(Er), Robert W. Palmatier, Lisa K. Scheer, Ning Li (2008), "Trust at Differ-

ent Organizational Levels", *Journal of Marketing*, 72(March): 80—98.

[65] Ferguson, Ronald J., Michèle Paulin and Jasmin Bergeron (2005), "Contractual Governance, Relational Governance, and the Performance of Interfirm Service Exchanges: The Influence of Boundary-Spanner Closeness", *Journal of the Academy of Marketing Science*, 33(2): 217—234.

[66] Ford, David, Håkan Håkansson (2006), "IMP-Some Things Achieved: Much More to Do", *European Journal of Marketing*, 40(3/4): 248—258.

[67] Ford, David, Michael Redwood (2005), "Making Sense of Network Dynamics through Network Pictures: A Longitudinal Case Study", *Industrial Marketing Management*, 34: 648—657.

[68] Frazier, Gary L. (1983a), "On the Measurement of Interfirm Power in Channels of Distribution", *Journal of Marketing Research*, 20(May): 158—166.

[69] Frazier, Gary L. (1983b), "Interorganizational Exchange Behavior in Marketing Channels: A Broadened Perspective", *Journal of Marketing*, 47(Fall): 68—78.

[70] Frazier, G. L. (1999), "Organizing and Managing Channels of Distribution", *Journal of the Academy of Marketing Science*, 27(2): 226—240.

[71] Frazier, G. L., Elliot Maltz, Kersi D. Antia, Aric Rindfleisch (2009), "Distributor Sharing of Strategic Information with Suppliers", *Journal of Marketing*, 73(July): 31—43.

[72] Frazier, G. L., J. O. Summers (1986), "Perceptions of Interfirm Power and Its Use within a Franchise Channel of Distribution", *Journal of Marketing Research*, 23(2): 169—176.

[73] Frazier, Gary L., James D. Gill and Sudhir H. Kale (1989), "Dealer Dependence Levels and Reciprocal Actions in a Channel of Distribution in a Developing Country", *Journal of Marketing*, 53(January): 50—69.

[74] Frazier, G. L., R C. Rody (1991), "The Use of Influence Strategies in Interfirm Relationships in Industrial Product Channels", *Journal of Marketing*, 55(1): 52—69.

[75] Freeman, L. C. (1979), "Centrality in Social Networks: Conceptual Clarification", *Social Networks*, 1: 215—239.

[76] Freeman, L. C. (2004), *The Development of Social Network Analysis: A Study in the Sociology of Science*, Vancouver, British Columbia: Empirical Press.

[77] Frenzen, Jonathan, Kent Nakamoto (1993), "Structure, Cooperation, and the Flow of Market Information", *Journal of Consumer Research*, 20(December): 360—375.

[78] French, John R. P. and Bertram Raven (1959), "The Bases of Social Power", in Dorwin

Cartwright, ed., *Studies in Social Power*. Ann Arbor: University of Michigan Press. 150—167.

[79] Galaskiewicz, Joseph (2007), "Has a Network Theory of Organizational Behaviour Lived up to Its Promises?", *Management and Organization Review*, 3(1): 1—18.

[80] Galaskiewicz, J., S. Wasserman (1989), "Mimetic Progresses within an Interorganizational Field: An Empirical Test", *Administrative Science Quarterly*, 34(3): 454—479.

[81] Ganesan, Shankar (1994), "Determinants of Long-term Orientation in Buyer-Seller Relationships", *Journal of Marketing*, 58(2): 1—19.

[82] Gaski, John F. (1984), "The Theory of Power and Conflict in Channels of Distribution", *Journal of Marketing*, 48(Summer): 9—29.

[83] Gaski, John F. (1986), "Interrelations Among a Channel Entity's Power Sources: Impact of the Exercise of Reward and Coercion on Expert, Referent, and Legitimate Power Sources", *Journal of Marketing Research*, 23(February): 62—77.

[84] Gaski, John F., John R. Nevin (1985), "The Differential Effects of Exercised and Unexercised Power Sources in a Marketing Channel", *Journal of Marketing Research*, 22(May): 130—142.

[85] Gassenheimer, Jule B., Rosemary Ramsey (1994), "The Impact of Dependence on Dealer Satisfaction: A Comparison of Reseller-Supplier Relationships", *Journal of Retailing*, 70(3): 253—266.

[86] Geiger, Susi, John Finch (2010), "Networks of Mind and Networks of Organizations: The Map Metaphor in Business Network Research", *Industrial Marketing Management*, 39: 381—389.

[87] Geyskens, Inge, Jan-Benedict E. M. Steenkamp, Nirmalya Kumar (2006), "Make, Buy, or Ally: A Transaction Cost Theory Meta-analysis", *Academy of Management Journal*, 49(3): 519—543.

[88] Gilliland, D. I., D. C. Bello (2002), "Two Sides to Attitudinal Commitment: The Effect of Calculative and Loyalty Commitment on Enforcement Mechanisms in Distribution Channels", *Journal of the Academy of Marketing Science*, 30(1): 24—43.

[89] Gilliland, David I., Daniel C. Bello, Gregory T. Gundlach (2010), "Control-Based Channel Governance and Relative Dependence", *Journal of the Academy of Marketing Science*, 38(4): 441—455.

[90] Glynn, Mark S. (2010), "The Moderating Effect of Brand Strength in Manufacturer-Reseller

Relationships", *Industrial Marketing Management*, 39(8): 1226—1233.

[91] Gnyawali, Devi R., Ravindranath Madhavan (2001), "Cooperative Networks and Competitve Dynamics: A Structural Embeddedness Perspective", *Academy of Management Review*, 26(3): 431—445.

[92] Gounaris S. P. (2005), "Trust and Commitment Influences on Customer Retention: Insights from Business-to-Business Services", *Journal of Business Research*, 58(2): 126—140.

[93] Granovetter, Mark S. (1973), "The Strength of Weak Ties", *American Journal of Sociology*, 78(6): 1360—1380.

[94] Granovetter, Mark (1985), "Economic Action and Social Structure: The Problem of Embeddedness", *American Journal of Sociology*, 91(3): 481—510.

[95] Granovetter, Mark (1992), "Problems of Explanation in Economic Sociology", In Nohria N., Eccles R. G. (Eds), *Networks and Organizations*, Boston, MA: Harvard Business School Press.

[96] Gu, F. F., K. Hung, D. K. Tse (2008), "When Does *Guanxi* Matter? Issues of Capitalization and Its Dark Sides", *Journal of Marketing*, 72(July): 12—28.

[97] Gulati, Ranjay (1995), "Does Familiarity Breed Trust? The Implications of Repeated Ties for Contractual Choice in Alliances", *Academy of Management Journal*, 38(1): 85—112.

[98] Gundlach, Gregory T., Ernest R. Cadotte (1994), "Exchange Interdependence and Interfirm Interaction: Research in a Simulated Channel Setting", *Journal of Marketing Research*, 31(November): 516—532.

[99] Håkansson, Håkan, Ivan Snehota (1989), "No Business is an Island: The Network Concept of Business Strategy", *Scandinavian Journal of Management*, 5(3): 187—200.

[100] Hansen, Morten (1999), "The Search—Transfer Problem: The Role of Weak Ties in Sharing Knowledge across Organization Subunits", *Administrative Science Quarterly*, 44 (March): 82—111.

[101] Hausman, Angela (2001), "Variations in Relationship Strength and Its Impact on Performance and Satisfaction in Business Relationships", *Journal of Business & Industrial Marketing*, 16(7): 600—616.

[102] Hawkins, Timothy G., C. Michael Wittmann, Michael M. Beyerlein (2008), "Antecedents and Consequences of Opportunism in Buyer-Supplier Relations: Research Synthesis and New Frontiers", *Industrial Marketing Management*, 37: 895—909.

[103] Haytko, Diana L. (2004), "Firm-to-Firm and Interpersonal Relationships: Perspectives

from Advertising Agency Account Managers", *Journal of the Academy of Marketing Science*, 32(3): 312—328.

[104] Heath, Sue, Alison Fuller, Brenda Johnston (2009), "Chasing Shadows: Defining Network Boundaries in Qualitative Social Network Analysis", *Qualitative Research*, 9 (5): 645—661.

[105] Heide, Jan B., George John (1988), "The Role of Dependence Balancing in Safeguarding Transaction-Specific Assets in Conventional Channels", *Journal of Marketing*, 52 (January): 20—35.

[106] Heide, Jan B., George John (1992), "Do Norms Matter in Marketing Relationships?", *Journal of Marketing*, 56(April): 32—44.

[107] Heide, Jan B., Kenneth H. Wathne (2006), "Friends, Businesspeople, and Relationship Roles: A Conceptual Framework and a Research Agenda", *Journal of Marketing*, 70(July): 90—103.

[108] Heide, Jan B., Kenneth H. Wathne, Aksel I. Rokkan (2007), "Interfirm Monitoring, Social Contracts, and Relationship Outcomes", *Journal of Marketing Research*, 44(3): 425—433.

[109] Henneberg, Stephan C., Stefanos Mouzas and Pete Naude (2006), "Network Pictures: Concepts and Representations", *European Journal of Marketing*, 40(3/4): 408—429.

[110] Henneberg, Stephan, Pete Naudé, Stefanos Mouzas (2010), "Sense-making and Management in Business Networks-Some Observations, Considerations, and a Research Agenda", *Industrial Marketing Management*, 39: 355—360.

[111] Hwang, Kwang-kuo (1987), "Face and Favor: The Chinese Power Game", *American Journal of Sociology*, 92(4): 944—974.

[112] Iacobucci, Dawn, Amy Ostrom (1996), "Commercial and Interpersonal Relationships: Using the Structure of Interpersonal Relationships to Understand Individual-to-Individual, Individual-to-Firm, and Firm-to-Firm Relationships in Commerce", *International Journal of Research in Marketing*, 13: 53—72.

[113] Jap, Sandy D. and Shankar Ganesan (2000), "Control Mechanisms and the Relationship Life Cycle: Implications for Safeguarding Specific Investments and Developing Commitment", *Journal of Marketing Research*, 37 (2): 227—245.

[114] Jones, Tim, Shirley F. Taylor, Harvir S. Bansal (2008), "Commitment to a Friend, a Service Provider, or a Service Company—Are They Distinctions Worth Making?", *Journal*

of the Academy of Marketing Science, 36: 473—487.

[115] Kasulis, Jack J., Robert E. Spekman (1980), "A Framework for the Use of Power", *European Journal of Marketing*, 14(4): 180—190.

[116] Kaufman, Peter, Satish Jayachandran, Randall L. Rose (2006), "The Role of Relational Embeddedness in Retail Buyers' Selection of New Products", *Journal of Marketing Research*, 43(November): 580—587.

[117] Kaza, K. L., R. P. Dant (2007). "Effects of Relationship Climate, Control Mechanism, and Communications on Conflict Resolution Behavior and Performance Outcomes", *Journal of Retailing*, 83(3): 279—296.

[118] Keith, Janet E., Donald W. Jackson, Jr., and Lawrence A. Crosby (1990), "Effects of Alternative Types of Influence Strategies Under Different Channel Dependence Structures", *Journal of Marketing*, 54(July): 30—41.

[119] Keller, Kevin Lane, Donald R. Lehmann (2006), "Brands and Branding: Research Findings and Future Priorities", *Marketing Science*, 25(6): 740—759.

[120] Kidwell B., Hardesty D. M., Murtha B. R., Sheng S. (2011), "Emotional Intelligence in Marketing Exchanges", *Journal of Marketing*, 75(January): 78—95.

[121] Kilduff, Martin, Craig Crossl, Wenpin Tsai, and David Krackhardt (2008), "Organizational Network Perceptions versus Reality: A Small World After All?", *Organizational Behavior and Human Decision Progress*, 107: 15—28.

[122] Kilduff, M., David Krackhardt (1994), "Bringing the Individual Back in: A Structural Analysis of the Internal Market for Reputation in Organization", *Academy of Management Journal*, 37: 87—108.

[123] Kilduff, M., W. Tsai (2003), *Social Networks and Organizations*, London: Sage Publications.

[124] Kilduff, Martin, Wenpin Tsai and Ralph Hanke (2006), "A Paradigm Too Far? A Dynamic Stability Reconsideration of the Social Network Research Program", *Academy of Management Review*, 31(4): 1031—1048.

[125] Kim, Keysuk (2000), "On Interfirm Power, Channel Climate, and Solidarity in Industrial Distributor-Supplier Dyads", *Journal of the Academy of Marketing Science*, 28(3): 388—405.

[126] Kim, Keysuk Stephen, Ping-Hung Hsieh (2003), "Interdependence and Its Consequences in Distributor-Supplier Relationships: A Distributor Perspective through Response Surface

Approach", *Journal of Marketing Research*, 40(February): 101—112.

[127] Kim, Stephen K., Richard G. McFarland, Soongi Kwon, Sanggi Son, David A. Griffith (2011), "Understanding Governance Decisions in a Partially Integrated Channel: A Contingent Alignment Framework", *Journal of Marketing Research*, 48(June): 603—616.

[128] Koka, B. R., Prescott, J. E. (2002), "Strategic Alliances as Social Capital: A Multidimensional View", *Strategic Management Journal*, 23(9): 795—816.

[129] Koza, Karen L., Rajiv P. Dant (2007), "Effects of Relationship Climate, Control Mechanism, and Communications on Conflict Resolution Behavior and Performance Outcomes", *Journal of Retailing*, 83(3): 279—296.

[130] Krackhardt, D. (1987), "Cognitive Social Structures", *Social Networks*, 9: 109—134.

[131] Krackhardt, D. (1990), "Assessing the Political Landscape: Structure, Cognition, and Power in Organizations", *Administrative Science Quarterly*, 35(2): 342—369.

[132] Krackhardt, David (1992), "The Strength of Strong Ties: The Importance of Philos in Organizations", in Nohria, Nitin & Robert G. Eccles (Edited), *Networks and Organizations: Structure, Form, and Action*. Boston, Harvard Business School Press. 216—239.

[133] Krishnan, Trichy V., Harsh Soni (1997), "Guaranteed Profit Margins: A Demonstration of Retailer Power", *International Journal of Research in Marketing*, 14(1): 35—56.

[134] Kumar, Alok, Jan B. Heide, Kenneth H. Wathne (2011), "Performance Implications of Mismatched Governance Regimes Across External and Internal Relationships", *Journal of Marketing*, 75(March):1—17.

[135] Kumar, Nirmalya, Lisa K. Scheer, Jan-Benedict E. M. Steenkamp (1995), "The Effects of Perceived Interdependence on Dealer Attitudes", *Journal of Marketing Research*, 32(August): 348—356.

[136] Kumar, Nirmalya, Lisa K. Scheer, Jan-Benedict E. M. Steenkamp (1998), "Interdependence, Punitive Capability, and the Reciprocation of Punitive Actions in Channel Relationships", *Journal of Marketing Research*, 35(May): 225—235.

[137] Kumar, V., Robert P. Leone (1988), "Measuring the Effect of Retail Store Promotions on Brand and Store Substitution", *Journal of Marketing Research*, 25(May): 178—185.

[138] Laumann, Edward O., Peter V. Marsden and David Prensky (1989), "The Boundary Specification Problem in Network Analysis", in Linton C. Freeman, Douglas R. White and A. Kimball Romney (Eds.), *Research Methods in Social Network Analysis*, Fairfox, VA: George Mason University Press.

[139] Lawler, Edward J., Samuel B. Bacharach (1987), "Comparison of Dependence and Punitive Forms of Power", *Social Forces*, 66(2): 446—461.

[140] Leana, C. R., I. Van Buren, J. Harry (1999), "Organizational Social Capital and Employment Practices", *Academy of Management Review*, 24 (3): 538—555.

[141] Leana, C. R., Pil, F. K. (2006), "Social Capital and Organizational Performance: Evidence from Urban Public Schools", *Organization Science*, 17 (3): 353—366.

[142] Lee C., Lee K., Pennings J. M. (2001), "Internal Capabilities, External Networks, and Performance: A Study on Technology-Based Ventures", *Strategic Management Journal*, 22 (6/7): 615—640.

[143] Lee, Don Y., Philip L. Dawes (2005), "*Guanxi*, Trust, and Long-term Orientation in Chinese Business Markets", *Journal of International Marketing*, 13(2): 28—56.

[144] Leek, Sheena, Katy Mason (2009), "Network Pictures: Building an Holistic Representation of a Dyadic Business-to-Business Relationship", *Industrial Marketing Management*, 38: 599—607.

[145] Leek, Sheena, Katy Mason (2010), "The Utilisation of Network Pictures to Examine a Company's Employee's Perceptions of a Supplier Relationship", *Industrial Marketing Management*, 39: 400—412.

[146] Levy, Michael, Dhruv Grewal (2000), "Supply Chain Management in a Networked Economy", *Journal of Retailing*, 76(4): 415—429.

[147] Lin, N. (1999), "Building a Network Theory of Social Capital", *Connections*, 22(1): 28—51.

[148] Luo, X., D. A. Griffith, S. S. Liu, Y. Z. Shi (2003), "The Effects of Customer Relationships and Social Capital on Firm Performance: A Chinese Business Illustration", *Journal of International Marketing*, 12(4): 25—45.

[149] Luo, Yadong (1997), "Guanxi: Principles, Philosophies, and Implications", *Human Systems Management*, 16(1): 43—51.

[150] Lusch, R. F. (1976), "Sources of Power: Their Impact on Intrachannel Conflict", *Journal of Marketing Research*, 13(4): 382—390.

[151] Lusch, Robert F., James Brown (1982), "A Modified Model of Power in the Marketing Channel", *Journal of Marketing Research*, 19(August): 312—323.

[152] Lusch, Robert F., James Brown (1996), "Interdependency, Contracting and Relational Behavior in Marketing Channels", *Journal of Marketing*, 60(October): 19—38.

[153] Macintosh, Gerrard, Lawrence S. Lockshin (1997), "Retail Relationships and Store Loyalty: A Multi-level Perspective", *International Journal of Research in Marketing*, 14(5): 487—497.

[154] Madhavan, Ravindranath, Devi R. Gnyawali, Jinyu He (2004), "Two's Company, Three's Crowd? Triads in Cooperative-Competitive Networks", *Academy of Management Journal*, 47(6): 918—927.

[155] Marsden, Peter V. (1990), "Network Data and Measurement", *Annual Review of Sociology*, 16: 435—463.

[156] Marsden, Peter V. (2005), "Recent Developments in Network Measurement", In Peter J. Carrington, John Scott and Stanley Wasserman(Eds.), *Models and Methods in Social Network Analysis*. Cambridge University Press.

[157] Marsden, Peter V., Karen E. Campbell (1984), "Measuring Tie Strength", *Social Forces*, 63(2): 482—501.

[158] Martenson, Rita (2007), "Corporate Brand Image, Satisfaction and Store Loyalty: A Study of the Store as Brand, Store Brands and Manufacturer Brands", *International Journal of Retail & Distribution Management*, 35(7): 544—555.

[159] Maurer, I, Ebers, M. (2006), "Dynamics of Social Capital and Their Performance Implications: Lessons from Biotechnology Start-ups", *Administrative Science Quarterly*, 51(2): 262—292.

[160] McEvily, Bill, Akbar Zaheer (1999), "Bridging Ties: A Source of Firm Heterogeneity in Competitive Capabilities", *Strategic Management Journal*, 20: 1133—1156.

[161] McFarland, Richard G., James M. Bloodgood and Janice M. Payan (2008), "Supply Chain Contagion," *Journal of Marketing*, 72(March): 63—79.

[162] Mehta, Rajiv, Alan J. Dubinsky, Rolph E. Anderson (2002), "Marketing Channel Management and the Sales Manager", *Industrial Marketing Management*, 31: 429—439.

[163] Mittal, Vikas, John W. Huppertz, Adwait Khare (2008), "Customer Complaining: The Role of Tie Strength and Information Control", *Journal of Retailing*, 84(2): 195—204.

[164] Mohr, Jakki, John R. Nevin (1990), "Communication Strategies in Marketing Channels: A Theoretical Perspective", *Journal of Marketing*, 54(October): 36—51.

[165] Montgomery, James D. (1998), "Toward A Role-Theoretic Conception of Embeddedness", *American Journal of Sociology*, 104(1): 92—125.

[166] Moreau, Page, Aradhna Krishna, Bari Harlam (2001), "The Manufacturer-Retailer-Con-

sumer Triad: Differing Perceptions Regarding Price Promotions", *Journal of Retailing*, 77 (4): 547—569.

[167] Morgan, Robert M., Shelby D. Hunt (1994), "The Commitment-Trust Theory of Relationship Marketing", *Journal of Marketing*, 58(July): 20—38.

[168] Mouzas, Stefanos, Stephan Henneberg, Peter Naudé (2008), "Developing Network Insight", *Industrial Marketing Management*, 37: 167—180.

[169] Nahapiet J., Ghoshal S. (1998), "Social Capital, Intellectual Capital, and the Organizational Advantage", *Academy of Management Review*, 23(2): 242—266.

[170] Nicholson, Carolyn, Larry D. Compeau, Rajesh Sethi (2001), "The Role of Interpersonal Linking in Building Trust in Long-Term Channel Relationships", *Journal of the Academy of Marketing Science*, 29(1): 3—15.

[171] Nie, Rui, Weiguo Zhong, Meihua Zhou, Weidong Jiang, Xuehua Wang (2011), "A Bittersweet Phenomenon: The Internal Structure, Functional Mechanism, and Effect of *Guanxi* on Firm Performance", *Industrial Marketing Management*, 40: 540—549.

[172] Noordhoff, C. S., K. Kyriakopoulos, C. Moorman, P. Pauwels, B. G. C. Dellaert (2011), "The Bright Side and Dark Side of Embedded Ties in Business-to-Business Innovation", *Journal of Marketing*, 75(September): 34—52.

[173] Oliver, Richard L. (1999), "Whence Consumer Loyalty?", *Journal of Marketing*, 63(Special Issue): 33—44.

[174] Palmatier, R. W. (2008), "Interfirm Relational Drivers of Customer Value", *Journal of Marketing*, 72(July): 76—89.

[175] Palmatier, Robert W., Lisa K. Scheer, Mark B. Houston, Kenneth R. Evans, Srinath Gopalakrishna (2007), "Use of Relationship Marketing Programs in Building Customer-Salesperson and Customer-Firm Relationships: Differential Influences on Financial Outcomes", *International Journal of Research in Marketing*, 24: 210-223.

[176] Palmatier, Robert W., Rajiv P. Dant, Dhruv Grewal (2007), "A Comparative Longitudinal Analysis of Theoretical Perspectives of Interorganizational Relationship Performance", *Journal of Marketing*, 71(October): 172—194.

[177] Palmatier, Robert W., Rajiv P. Dant, Dhruv Grewal, Kenneth R. Evans (2006), "Factors Influencing the Effectiveness of Relationship Marketing: A Meta-Analysis", *Journal of Marketing*, 70(October): 136—153.

[178] Park, Seung Ho, Yadong Luo (2001), "Guanxi and Organizational Dynamics: Organiza-

tional Networking in Chinese Firms", *Strategic Management Journal*, 22: 455—477.

[179] Payan, J. M., R. G. McFarland (2005), "Decomposing Influence Strategies: Argument Structure and Dependence as Determinants of the Effectiveness of Influence Strategies in Gaining Channel Member Compliance", *Journal of Marketing*, 69(3): 66—79.

[180] Peng, Mike W., Yadong Luo (2000), "Managerial Ties and Firm Performance in a Transition Economy: The Nature of a Micro-Macro Link", *Academy of Management Journal*, 43(3): 486—501.

[181] Perrone, Vincenzo, Akbar Zaheer, Bill McEvily (2003), "Free to Be Trusted? Organizational Constraints on Trust in Boundary Spanners", *Organization Science*, 14(4): 422—439.

[182] Podsakoff, P. M., S. B. MacKenzie, J. Y. Lee, N. P. Podsakoff (2003), "Common Method Biases in Behavioral Research: A Critical Review of the Literature and Recommended Remedies", *Journal of Applied Psychology*, 88(5): 879—903.

[183] Porter, Michael E. (1974), "Consumer Behavior, Retailer Power and Market Performance in Consumer Goods", *The Review of Economics and Statistics*, 56(4): 419—436.

[184] Prenkert, Frans, Lars Hallén (2006), "Conceptualizing, Delineating and Analysing Business Networks", *European Journal of Marketing*, 40(3/4): 384—407.

[185] Provan, Keith G. (1993), "Embeddedness, Interdependence, and Opportunism in Organizational Supplier-Buyer Networks", *Journal of Management*, 19(4): 841—856.

[186] Ramaseshan, B, L. S. C. Yip, J. H. Pae (2006), "Power, Satisfaction, and Relationship Commitment in Chinese Store-Tenant Relationship and Their Impact on Performance", *Journal of Retailing*, 82(1): 63—70.

[187] Ramos, Carla, Ivan David Ford (2011), "Network Pictures as a Research Device: Developing a Tool to Capture Actors' Perceptions in Organizational Networks", *Industrial Marketing Management*, 40: 447—464.

[188] Raven, B. H. (1993), "The Base of Power: Origins and Recent Developments", *Journal of Social Issues*, 49(4): 227—251.

[189] Reagans, Ray, Bill McEvily (2003), "Network Structure and Knowledge Transfer: The Effects of Cohesion and Range", *Administrative Science Quarterly*, 48(June): 240—267.

[190] Rindfleisch, Aric, Christine Moorman (2001), "The Acquisition and Utilization of Information in New Product Alliances: A Strength-of-Ties Perspective", *Journal of Marketing*, 65(April): 1—18.

[191] Rindfleisch, Aric, Jan B. Heide (1997), "Transaction Cost Analysis: Past, Present, and Future Applications", *Journal of Marketing*, 61(October): 30—54.

[192] Ringle, C. M., S. Wende and S. Will (2005), SmartPLS 2.0 (M3) Beta, Hamburg, http://www.smartpls.de.

[193] Robicheaux, Robert A., Adel I. El-Ansary (1975—1976), "A General Model for Understanding Channel Member Behavior", *Journal of Retailing*, 52(4): 13—30, 93—94.

[194] Rodriguez, C. M., D. T. Wilson (2002), "Relationship Bonding and Trust as a Foundation for Commitment in U.S-Mexican Strategic Alliances: A structural Equation Modeling Approach", *Journal of International Marketing*, 10(4): 53—76.

[195] Rosenbloom, B. (1973), "Conflict and Channel Efficiency: Some Conceptual Models for the Decision Maker", *Journal of Marketing*, 37(3): 26—30.

[196] Rowley, Timothy J. (1997), "Moving Beyond Dyadic Ties: A Network Theory of Stakeholder Influences", *Academy of Management Review*, 22(4): 887—910.

[197] Rowley, Tim, Dean Behrens and David Krackhardt (2000), "Redundant Governance Structures: An Analysis of Structural and Relational Embeddedness in The Steel and Semiconductor Industries", *Strategic Management Journal*, 21: 369—386.

[198] Salancik, Gerald (1995), "Wanted: A Good Network Theory of Organization", *Administrative Science Quarterly*, 40(June): 345—349.

[199] Samaha, Stephen A., Robert W. Palmatier, Rajiv P. Dant (2011), "Poisoning Relationships: Perceived Unfairness in Channels of Distribution", *Journal of Marketing*, 75(3): 99—117.

[200] Scheer, Lisa K., Louis W. Stern (1992), "The Effect of Influence Type and Performance Outcomes on Attitude Toward the Influencer", *Journal of Marketing Research*, 29(February): 128—142.

[201] Schilling, Melissa A. (2009), "Understanding the Alliance Data", *Strategic Management Journal*, 30: 233—260.

[202] Sheng, Shibin, Kevin Zheng Zhou, Julie Juan Li (2011), "The Effects of Business and Political Ties on Firm Performance: Evidence from China", *Journal of Marketing*, 75(January): 1—15.

[203] Sibley, Stanley D., Donald A. Michie (1982), "An Exploratory Investigation of Cooperation in a Franchise Channel", *Journal of Retailing*, 58(4): 23—44.

[204] Simmons, Carolyn J., Barbara A. Bickart, Lauranne Buchanan (2000), "Leveraging Eq-

uity Across The Brand Portfolio", *Marketing Letters*, 11(3): 210—220.

[205] Skinner, Steven J., Joseph P. Guiltinan (1985), "Perceptions of Channel Control," *Journal of Retailing*, 61(4): 65—88.

[206] Skinner, Steven J., Jule B. Gassenheimer, Scott W. Kelley (1992), "Cooperation in Supplier-Dealer Relations", *Journal of Retailing*, 68(2): 174—192.

[207] Sparrowe, Raymond T., Robert C. Liden (2005), "Two Routes to Influence: Integrating Leader-Member Exchange and Social Network Perspectives", *Administrative Science Quarterly*, 50(December): 505—535.

[208] Sparrowe, Raymond, Robert C. Liden, Sandy J. Wayne, Maria L. Kraimer (2001), "Social Networks and the Performance of Individuals and Groups", *Academy of Management Journal*, 44(2): 316—325.

[209] Stanko, Michael A., Bonner Joseph M., Calantone Roger J. (2007), "Building Commitment in Buyer-Seller relationships: A Tie Strength Perspective", *Industrial Marketing Management*, 36: 1094—1103.

[210] Stern, Louis W. (1988), "Reflections on Channels Research", *Journal of Retailing*, 64(1): 1—4.

[211] Stern, Louis W. and Jay W. Brown, "Distribution Channels: A Social Systems Approach", in Louis W. Stern (Ed.), *Distribution Channels: Behavioral Dimensions*, Boston: Houghton Mifflin, 1969.

[212] Stern, L. W., T. Reve (1980), "Distribution Channels As Political Economies: A Framework for Comparative Analysis", *Journal of Marketing*, 44(3): 52—64.

[213] Stump, Rodney L., Jan B. Heide (1996), "Controlling Supplier Opportunism in Industrial Relationships", *Journal of Marketing Research*, 33(4): 431—441.

[214] Su, Chenting, Zhilin Yang, Guijun Zhuang, Nan Zhou, Wenyu Dou (2009), "Interpersonal Influence As an Alternative Channel Communication Behavior in Emerging Markets: The Case of China", *Journal of International Business Studies*, 40: 668—689.

[215] Swaminathan, Vanitha, Christine Moorman (2009), "Marketing Alliance, Firm Networks, and Firm Value Creation", *Journal of Marketing*, 73(September): 52—69.

[216] Sweevers, Matthew, Steven J. Skinner, Robert Dahlstrom (2010), "Performance Implications of a Retail Purchasing Network: The Role of Social Capital", *Journal of Retailing*, 86(4): 310—321.

[217] Tähtinen J., Blois K. (2011), "The Involvement and Influence of Emotions in Problematic

Business Relationships", *Industrial Marketing Management*, 40: 907—918.

[218] Tsai, Wenpin (2000), "Social Capital, Strategic Relateness and the Formation of Intra-organizaitonal Linkages", *Strategic Management Journal*, 21: 925—939.

[219] Tsai, W., Ghoshal, S. (1998), "Social Capital and Value Creation: The Role of Intra-firm Networks", *Academy of Management Journal*, 41:464—76.

[220] Uzzi, Brian (1996), "The Sources and Consequences of Embeddedness for the Economic Performance of Organizations: The Network Effect", *American Sociological Review*, 61(August): 674—698.

[221] Uzzi, Brian (1997), "Social Structure and Competition in Interfirm Networks: The Paradox of Embeddedness", *Administrative Science Quarterly*, 42(March): 35—67.

[222] Uzzi, Brian (1999), "Embeddedness in the Making of Financial Capital: How Social Relationships and Networks Benefit Firms Seeking Financing", *American Sociological Review*, 64 (August): 481—505.

[223] Uzzi, Brian, James J. Gillespie (2002), "Knowledge Spillover in Corporate Financing Networks: Embeddedness and the Firm's Debt Performance", *Strategic Management Journal*, 23: 595—618.

[224] Van Den Bulte, Christophe, Stefan Wuyts (2007), *Social Networks and Marketing*, Cambridge, MA: Marketing Science Institute.

[225] Vinhas, Alberto Sa, Jan B. Heide, Sandy D. Jap (2012), "Consistency Judgments, Embeddedness, and Relationship Outcomes in Interorganizational Networks", *Management Science*, 58(5): 996—1011.

[226] Vlachos, Pavlos A., Aristeidis Theotokis, Katerina Paramatari, Adam Vrechopoulos (2010), "Consumer-Retailer Emotional Attachment: Some Antecedents and the Moderating Role of Attachment Anxiety", *European Journal of Marketing*, 44(9/10): 1478—1499.

[227] Wang, C. L. (2007), "Guanxi vs. Relationship Marketing: Exploring Underlying Differences", *Industrial Marketing Management*, 36: 81—86.

[228] Wathne, Kenneth, Harald Biong, Jan B. Heide (2001), "Choice of Supplier in Embedded Markets: Relationship and Marketing Program Effects", *Journal of Marketing*, 65(April): 54—66.

[229] Wathne, Kenneth H., Jan B. Heide (2004), "Relationship Governance in a Supply Chain Network", *Journal of Marketing*, 68(January): 73—89.

[230] Wasserman, S., K. Faust (1994), *Social Network Analysis: Methods and Applications*,

Combridge University Press.

[231] Webster, Frederick E., Jr., (2000), "Understanding the Relationships among Brands, Consumers, and Resellers", *Journal of the Academy of Marketing Science*, 28(1): 17—23.

[232] Weitz, Barton A., Sandy D. Jap (1995), "Relationship Marketing and Distribution Channels", *Journal of the Academy of Marketing Science*, 23(4): 305—320.

[233] Wellman, Barry (1988), "Structural Analysis: From Method and Metaphor to Theory and Substance", in B. Wellman and S. D. Berkowitz (Eds.), *Social Structures: An Network Approach*. New York: Cambridge University Press.

[234] Wernerfelt, Birger (1984), "A Resource-based View of the Firm", *Strategic Management Journal*, 5: 171—180.

[235] Wuyts, Stefan, Inge Geyskens (2005), "The Formation of Buyer-Supplier Relationships: Detailed Contract Drafting and Close Partner Selection", *Journal of Marketing*, 69 (October): 103—117.

[236] Wuyts, Stefan, Stefan Stremersch, Christophe Van Den Bulte, Philip Hans Franses (2004), "Vertial Marketing Systems for Complex Products: A Triadic Perspective", *Journal of Marketing Research*, 41 (November): 479—487.

[237] Xin, Katherine R., Jone L. Pearce (1996), "Guanxi: Connections as Substitutes for Formal Institutional Support", *Academy of Management Journal*, 39(6): 1641—1658.

[238] Yang, Zhilin, Chen Zhou, Ling Jiang (2011), "When Do Formal and Trust Matter? A Context-Based Analysis of the Effects on Marketing Channel Relationships in China", *Industrial Marketing Management*, 40(1): 86—96.

[239] Yang, Zhilin, Cheng Lu Wang (2011), "*Guanxi* As a Governance Mechanism in Business Markets: Its Characteristics, Relevant Theories, and Future Research Directions", *Industrial Marketing Management*, 40: 492—495.

[240] Yen, D. A., Barnes B. R, Wang C. L. (2011), "The Measurement of *Guanxi*: Introducing the GRX Scale", *Industrial Marketing Management*, 40(1): 97—108.

[241] Zahra, S. A. (2010), "Harvesting Family Firms' Organizational Social Capital: A Relation Perspective", *Journal of Management Studies*, 47(2): 345—366.

[242] Zhou, Nan, Guijun Zhuang, Leslie Sai-chung Yip (2007), "Perceptual Difference of Dependence and Its Impact on Conflict in Marketing Channels in China: An Empirical Study with Two-Sided Data", *Industrial Marketing Management*, 36(3): 309—321.

[243] Zhuang, Guijun, Neil C. Herndon, Jr., Nan Zhou (2006), "Exercises of Powers in Mar-

keting Channel Dyads: Power Advantage versus Power Disadvantage", *International Review of Retail, Distribution and Consumer Research*, 16(1): 1—22.

[244] Zhuang, Guijun, Youmin Xi, Alex S. L. Tsang (2010), "Power, Conflict, and Cooperation: The Impact of Guanxi in Chinese Marketing Channels", *Industrial Marketing Management*, 39: 137—149.

[245] Zhuang G., Zhou N. (2004), "The Relationships between Power and Dependence in Marketing Channels", *European Journal of Marketing*, 38(5/6): 675—693.

[246] Coughlan, A., Anderson, E., Stern, L. W., El-Ansary, A. I. Marketing Channels, 6th ed., 北京:清华大学出版社,2001.

[247] Kotler, Philip. Marketing Management,10th ed., 北京,清华大学出版社,2001.

[248] Stern, Louis W., Anne T. Coughlan, Adel I. El-Ansary: Marketing Channels, 5th ed., 北京:中国人民大学出版社,2000.

[249] 彼德·布劳:《社会生活中的权力与交换》,北京:华夏出版社,1988.

[250] 杜楠、张闯:"组织层面的社会资本:理论框架、研究主题与方法",《财经问题研究》,2011(1):10—15

[251] 姜翰、金占明:"企业间关系强度对关系价值机制影响的实证研究",《管理世界》,2008(12):114—125.

[252] 凯西·卡麦兹:《建构扎根理论:质性研究实践指南》,重庆:重庆大学出版社,2009.

[253] 梁守砚、张闯:"西方营销渠道权力理论研究综述",《学习与实践》,2009(8):27—38.

[254] 刘益、刘婷、王俊:"算计性承诺与忠诚性承诺的互动——作为关系长度与机会主义行为的中介",《管理工程学报》,2008(2):69—73.

[255] 罗伯特·K.殷:《案例研究:设计与方法》,重庆:重庆大学出版社,2004.

[256] 钱丽萍、刘益、喻子达、陶蕾:"制造商影响战略的使用与零售商的知识转移——渠道关系持续时间的调节影响",《管理世界》,2010(2):93—105.

[257] 乔纳森·特纳:《社会学理论的结构》,北京:华夏出版社,2001.

[258] 尹洪娟、周庭锐、贾志永:"产业市场中关系网结构对'关系行为'的影响——以商业关系结束为背景",《营销科学学报》,2008,4(1):1—14.

[259] 张闯:《社会网络视角下的渠道权力结构与策略研究》,大连:东北财经大学出版社,2008a.

[260] 张闯:"消费者行为对厂商关系中权力结构的影响:理论框架与研究命题",《营销科学学报》,2008b,4(3):63—80.

[261] 张闯:"网络视角下的渠道权力结构:理论模型与研究命题",《营销科学学报》,2008c,

4(1):120—136.

[262] 张闯:"管理学研究中的社会网络范式:基于研究方法视角的12个管理学顶级期刊(2001—2010)文献研究",《管理世界》,2011(7):154—163,168.

[263] 张闯、董春艳:"渠道权力转移了吗——SCP范式下中国消费品渠道的实证研究",《中国零售研究》,2010,1(2):66—82.

[264] 张闯、杜楠:"企业社会资本对渠道权力与依赖的影响",《商业经济与管理》,2012(1):43—50.

[265] 张闯、李骥、关宇虹:"契约治理机制与渠道绩效:人情的作用",《管理评论》,2014(2):69—79.

[266] 张闯、田敏、关宇虹:"渠道关系强度对关系型渠道治理的影响:关系行为与情感要素的不同作用",《营销科学学报》,2012,8(2):115—128.

[267] 张闯、夏春玉:"渠道权力:依赖、结构与策略",《经济管理·新管理》,2005(2):64—70.

[268] 张闯、徐健、夏春玉:"契约型农产品渠道中农户人际关系网络结构对企业权力应用及其结果的影响",《营销科学学报》,2010,6(1):85—108.

[269] 庄贵军:"营销渠道控制:理论与模型",《管理学报》,2004(1):82—88.

[270] 庄贵军:《中国企业的营销渠道行为研究》,北京:北京大学出版社,2007.

[271] 庄贵军:"营销渠道中的人际关系与跨组织合作关系:概念与模型",《商业经济与管理》,2012(1):25—33.

[272] 庄贵军、李珂、崔晓明:"关系营销导向与跨组织人际关系对企业关系型渠道治理的影响",《管理世界》,2008(7):77—90.

[273] 庄贵军、席酉民:"关系营销在中国的文化基础",《管理世界》,2003(10):98—109.

[274] 庄贵军、席酉民:"中国营销渠道中私人关系对渠道权力使用的影响",《管理科学学报》,2004(6):52—62.

[275] 庄贵军、席酉民、周筱莲:"权力、冲突与合作——中国营销渠道中私人关系的影响作用",《管理科学》,2007(3):38—47.

[276] 庄贵军、徐文、周筱莲:"关系营销导向对企业使用渠道权力的影响",《管理科学学报》,2008(3):114—124.

[277] 庄贵军、周筱莲:"权力、冲突与合作:中国工商企业之间渠道行为的实证研究",《管理世界》,2002(3):117—124.

附　录

附录1　制造商调查问卷[①]

营销渠道关系管理调研问卷

尊敬的先生/女士：您好！

　　本调查所得资料的用途，纯属学术研究，贵公司所提供的资料将绝对保密。本问卷中的答案没有对错之分，反映真实情况对本调查结果的质量非常重要，请您按照真实情况来填写。**请仔细阅读每个问题并决定您对它的态度。**即使您对某个问题没有确切的答案，也请选择最接近您观点的答案。

　　填写问卷的时间大概需要20分钟。非常感谢您的合作！

　　请您挑选贵公司的主要分销商(经销商、代理商或零售商)之一为固定目标，通过我们的问卷描述一下**贵公司与该分销商之间的关系**，以便于我们做有关营销渠道管理方面的研究。

　　1. 贵公司与该分销商之间的商业往来有多少年了？＿＿＿＿＿＿年
　　2. 如果方便的话，请提供该分销商的公司名称：＿＿＿＿＿＿
　　3. 请描述贵公司提供给该分销商的主要产品：＿＿＿＿＿＿

　　非常重要：以下，当问及贵公司与贵公司分销商之间的沟通或关系时，我们特指贵公司与上面您所指定的那个分销商之间的关系。

　　1. 请用打钩的方式指出最符合对该分销商描述的选项(渠道成员网络中心性量表)

　　DC1 该分销商在贵公司分销商群体中

[①] 实证研究一、二、三所用的调查问卷，只给出本研究涉及的量表。

_____根本不活跃 _____不怎么活跃 _____一般 _____比较活跃
_____非常活跃

DC2 该分销商在贵公司分销商群体中与其他分销商的联系
_____非常少 _____比较少 _____一般 _____比较广泛
_____非常广泛

DC3 该分销商对贵公司的销售渠道
_____根本不重要 _____不太重要 _____一般 _____比较重要
_____至关重要

2. 请用画圈的方式指出您同意或不同意下列项目的程度(渠道成员网络中心性量表)

1 = 完全不同意;2 = 不同意;3 = 无意见;4 = 同意;5 = 完全同意

| DC4 | 此经销商是经销商群体中的关键一员 | 1 | 2 | 3 | 4 | 5 |
| DC5 | 此经销商与其他经销商之间的联系很少 | 1 | 2 | 3 | 4 | 5 |

3. 请用画圈的方式指出您同意或不同意下列项目的程度(分销商依赖量表)

1 = 完全不同意;2 = 不同意;3 = 无意见;4 = 同意;5 = 完全同意

DD1	该分销商很难找到其他公司提供与我们相同的产品	1	2	3	4	5
DD2	如果该分销商找其他公司代替我们,会给该分销商带来损失	1	2	3	4	5
DD3	该分销商很难找到别的公司,像我公司一样带给它们这么多的销售额和利润	1	2	3	4	5

4. 请用画圈的方式指出您同意或不同意下列项目的程度(渠道冲突量表)

1 = 完全不同意;2 = 不同意;3 = 无意见;4 = 同意;5 = 完全同意

CO1	该分销商经常增加我公司开展工作的难度	1	2	3	4	5
CO2	该分销商有时会阻碍我公司实现自己的利益	1	2	3	4	5
CO3	该分销商使我公司更容易实现自己的目标	1	2	3	4	5
CO4	我们和该分销商代表之间存在个人性格上的冲突	1	2	3	4	5
CO5	该分销商和我公司分享我们的经营策略	1	2	3	4	5

5. 请采用画圈的方式选出最接近实际情况的一项(渠道权力量表)

1 = 完全不会;2 = 一点点;3 = 一些;4 = 大部分照办;5 = 完全照办

PO1	如果要求分销商增加你们公司产品的订货量,那么分销商响应的程度会是多少?	1	2	3	4	5
PO2	如果要求分销商减少购买你们公司竞争对手的产品,那么分销商响应的程度会是多少?	1	2	3	4	5
PO3	如果要求分销商改变对你们公司产品所作的促销活动,那么分销商响应的程度会是多少?	1	2	3	4	5
PO4	如果要求分销商改变对你们公司产品的客户服务方式,那么分销商响应的程度会是多少?	1	2	3	4	5
PO5	如果要求分销商改变对你们公司产品的订货程序,那么分销商响应的程度会是多少?	1	2	3	4	5
PO6	如果要求分销商改变对你们公司产品的质保政策,如增加或减少"三包"的内容,那么分销商响应的程度会是多少?	1	2	3	4	5
PO7	如果要求分销商增加或减少购买你们公司某一种规格或型号的产品,那么分销商响应的程度会是多少?	1	2	3	4	5

6. 请用画圈的方式指出您同意或不同意下列项目的程度(渠道合作量表)

1 = 完全不同意;2 = 不同意;3 = 无意见;4 = 同意;5 = 完全同意

COO1	我公司和该分销商为取得成功经常一起合作	1	2	3	4	5
COO2	我公司和该分销商都关心对方的利益所在	1	2	3	4	5
COO3	我公司和该分销商经常协作以适应变化	1	2	3	4	5
COO4	我们在谈判时不会以强势姿态商讨	1	2	3	4	5
COO5	我公司和该分销商都不会太斤斤计较	1	2	3	4	5
COO6	出现问题时,我公司和该分销商会共同承担责任	1	2	3	4	5
COO7	当执行不能达到合同规定目标时,我们按照谅解的原则解决	1	2	3	4	5
COO8	当出现争议时,我们按照谅解的原则处理或解决	1	2	3	4	5
COO9	当出现偶发事件时,我们以相互谅解的原则来应对	1	2	3	4	5
COO10	我们双方都愿意为了合作而作出某种改变	1	2	3	4	5
COO11	我们任何一方都不会利用有利的谈判地位而占对方的便宜	1	2	3	4	5
COO12	我们都不介意相互亏欠人情	1	2	3	4	5

7. 请用画圈的方式指出您同意或不同意下列项目的程度（渠道关系强度量表）

1 = 完全不同意；2 = 不同意；3 = 无意见；4 = 同意；5 = 完全同意

EI1	如果我公司不再通过这家分销商销售产品，我们会感到不习惯	1	2	3	4	5
EI2	相比他们提供的分销服务来说，保持与该分销商的关系对我们的意义更大	1	2	3	4	5
EI3	这家分销商提供的分销服务使得我公司员工士气高昂。	1	2	3	4	5
MC1	我们给该分销商提供信息，帮助它制订计划以满足我们的需要	1	2	3	4	5
MC2	我们经常非正式地交流信息，不限于事先的约定	1	2	3	4	5
MC3	我们总是把自己制订的计划通告给该分销商	1	2	3	4	5
MC4	我们定期将产品需求的长期预测提供给该分销商	1	2	3	4	5
RS1	如果与该经销商合作过程中出现问题，则由我们双方共同解决，并不会由单方负责	1	2	3	4	5
RS2	我们双方会共同致力于改善关系，彼此互惠，并不会只由单方来做	1	2	3	4	5

8. 请用画圈的方式指出您同意或不同意下列项目的程度（社会资本量表）

1 = 完全不同意；2 = 不同意；3 = 无意见；4 = 同意；5 = 完全同意

SC1	我们与该分销商的采购经理有着很好的私人关系	1	2	3	4	5
SC2	我们有朋友与该分销商的采购经理熟识	1	2	3	4	5
SC3	我公司的总经理与该分销商的总经理有着很好的私人关系	1	2	3	4	5
SC4	我公司的总经理与政府官员有着广泛的个人联系	1	2	3	4	5
SC5	我公司的总经理与其他公司的总经理有着广泛的个人联系	1	2	3	4	5
SC6	我们在政府部门（比如工商、税务）中有一些好朋友	1	2	3	4	5
SC7	总的说来，我公司拥有一个广泛的关系网络	1	2	3	4	5

社会网络嵌入与营销渠道行为:理论与实证

9. 请采用画圈的方式选出最接近实际情况的一项(渠道权力应用量表)

在与该分销商做生意时,为了改变对方的行为或决定,我公司采用下列行为的程度。

1 = 从来不用;2 = 很少使用;3 = 有时使用;4 = 经常使用;5 = 总是使用

EP1	拒绝出货或威胁将要取消出货	1	2	3	4	5
EP2	以推迟发货作为惩罚	1	2	3	4	5
EP3	威胁要与该分销商解除合同	1	2	3	4	5
EP4	提醒该分销商在合同中所规定的必须执行的一些条款	1	2	3	4	5
EP5	用有关法律条款来影响该分销商的行为	1	2	3	4	5
EP6	要求该分销商合作,但不指明对方接受与否可能引起的后果	1	2	3	4	5
EP7	要求该分销商合作,但并不给予对方任何报酬	1	2	3	4	5
EP8	为该分销商提供我公司所拥有的市场或销售信息	1	2	3	4	5
EP9	向该分销商提供通用的技术或销售培训	1	2	3	4	5
EP10	给该分销商一些具体的行为建议,向它们描绘这些行为将对双方带来的益处	1	2	3	4	5
EP11	向该分销商提供随时进行下单采购的许可	1	2	3	4	5
EP12	向该分销商许诺现金奖励,用于表彰新客户开发	1	2	3	4	5
EP13	向该分销商提供与销售额增长相挂钩的折扣或返点	1	2	3	4	5

非常重要:以下,请针对贵公司分销商群体回答。

10. 请用画圈的方式指出您同意或不同意下列项目的程度(网络密度量表)

1 = 完全不同意;2 = 不同意;3 = 无意见;4 = 同意;5 = 完全同意

ND1	我们的分销商之间联系紧密	1	2	3	4	5
ND2	我们的分销商之间相互交往很少	1	2	3	4	5
ND3	我们的分销商之间相互关系密切	1	2	3	4	5

请用打钩的方式指出最符合贵分销商群体描述的选项(网络密度量表)

ND4 我们的分销商之间的交流

_____非常频繁 _____比较频繁 _____一般 _____比较少
_____非常少

ND5 我们的分销商之间一起讨论他们共同问题的情况

_____经常 _____比较经常 _____一般 _____比较少
_____很少

ND5 我们的分销商之间的关系

_____甚为密切 _____比较密切 _____一般 _____不太密切
_____不是很团结

分类资料:(请在相应选项前的横线打钩进行选择)

Q1 贵公司所属行业为：

_____纺织服装业 _____机械制造业 _____电气制造业
_____医疗器械制造业
_____电子产品制造业 _____食品饮料制造业 _____软件行业
_____其他制造业

Q2 目前贵公司产品的需求状况：

_____产品供不应求 _____产品供求基本平衡 _____产品供过于求

Q3 贵公司在所处行业中的竞争地位：

_____有较大优势 _____有优势 _____不好说 _____处于劣势
_____处于较大劣势

Q4 贵公司的性质：

_____民营企业 _____国有企业 _____集体企业 _____股份制企业
_____外资企业 _____其他

Q5 贵公司 2009 年的销售收入

_____小于 500 万元 _____500 万—2 500 万元 _____2 500 万—5 000 万元
_____5 000 万元—1 亿元 _____1 亿—3 亿元 _____3 亿元以上

Q6 贵公司与该分销商于何时开始建立了供销关系？

_____刚刚建立 _____1 年以前,不超过 2 年

_____ 2 年以前,不超过 5 年　　_____ 5 年以前

Q7　您从事目前工作的年限:_____年

Q8　您的职务:_____

问卷到此结束,再次感谢您的合作!

附录2 零售商调查问卷[①]

渠道关系管理调研问卷

尊敬的先生/女士：您好！

　　本调查所得资料的用途，纯属学术研究，贵公司所提供的资料将绝对保密。本问卷中的答案没有对错之分，反映真实情况对本调查结果的质量非常重要，请您按照真实情况来填写。**请仔细阅读每个问题并决定您对它的态度。即使您对某个问题没有确切的答案，也请选择最接近您观点的答案。**

　　填写问卷的时间大概需要15分钟。非常感谢您的合作！

零售商名称：＿＿＿＿＿＿＿＿＿＿＿＿

　　调查员：请您说出贵公司经营的运动服饰类（运动服与运动鞋）产品中三个比较强势的品牌和三个比较弱势的品牌，以便于我为您指定问卷填写过程中问题指向的品牌。

　　调查员指定的强势品牌名称＿＿＿＿＿＿　　弱势品牌名称＿＿＿＿＿＿

1. 在运动服饰类产品中，贵公司经营的品牌数量总共为＿＿＿＿个
2. 贵公司上一年度销售额约为＿＿＿＿＿＿＿＿万元
3. 贵公司是否向消费者发放会员卡（请用√选择）：　□ 是　　□ 否
4. 近三年中，贵公司持卡会员的数量变化情况（请用√选择）：
   □ 快速增长　□ 稳定增长　□ 基本稳定　□ 略有下降　□ 大幅下降
5. 贵公司已经开业经营＿＿＿＿＿＿年

以下，请针对＿＿＿＿＿品牌（强势品牌）回答相应的问题。

1. 贵公司与该品牌供应商之间的商业合作有多少年了？＿＿＿＿＿＿年
2. 在本地区，该品牌大概有多少个门店（专柜）？＿＿＿＿＿＿个

[①] 实证研究四的调查问卷，只给出本研究涉及的量表。

3. 请用画圈的方式指出您同意或不同意下列项目的程度(零售商依赖、供应商依赖和渠道冲突量表)

		完全不同意	不同意	基本不同意	中立	基本同意	同意	完全同意
RD1	在本地区,我公司可以找到其他公司提供与该品牌相同的产品线	1	2	3	4	5	6	7
RD2	在本地区,如果找其他公司代替该品牌供应商,会给我公司带来损失	1	2	3	4	5	6	7
RD3	在本地区,我们很难找到别的公司,像该品牌供应商一样带给我们这么多的销售额和利润	1	2	3	4	5	6	7
SD1	在本地区,该供应商可以找到其他公司提供与我们相同的销售服务	1	2	3	4	5	6	7
SD2	在本地区,如果该供应商找其他公司代替我们,不会给它带来太大的损失	1	2	3	4	5	6	7
SD3	在本地区,该供应商很难找到别的公司,像我公司一样带给它们这么多的销售额和利润	1	2	3	4	5	6	7
CO1	有时,该供应商不配合我们工作	1	2	3	4	5	6	7
CO2	该供应商并不把我们的最佳利益放在心上	1	2	3	4	5	6	7
CO3	在重要问题上,我们常常与该供应商观点不一致	1	2	3	4	5	6	7

以下,请针对_____品牌(弱势品牌)回答相应的问题。

量表与强势品牌相同,不重复列出。

分类资料:(请在相应选项前用√表示选择)

Q1　贵公司的性质:

　□ 民营企业　　　□ 国有企业　　　□ 集体企业　　　□ 股份制公司
　□ 外资企业　　　□ 其他

Q2 贵公司是否从属于某集团公司？

□ 是　贵公司从属的集团是_____

□ 否

Q3　您从事目前工作的年限：_____年

Q4　您的职务：_____

Q5　贵公司名称：_____

附录3 消费者调查问卷①

消费者调研问卷

尊敬的先生/女士:

您好!感谢您参加这次社会调查,本调查纯属学术研究。本问卷中的答案没有对错之分,反映真实情况对本调查的结果很重要,请您按照真实情况来填写。即使您对某个问题没有确切的答案,也请选择最接近您观点的答案。非常感谢您的合作!

1. 请在能代表您同意或不同意的意见的数字上画○(店铺忠诚量表)

		完全不同意	不同意	基本不同意	中立	基本同意	同意	完全同意
SL1	我喜欢到××商店买东西	1	2	3	4	5	6	7
SL2	为了到××商店买东西,我愿意多花些时间和精力	1	2	3	4	5	6	7
SL3	我经常关注××商店的情况	1	2	3	4	5	6	7

2. 对于××品牌,请在能代表您同意或不同意的意见的数字上画○(品牌忠诚量表)

		完全不同意	不同意	基本不同意	中立	基本同意	同意	完全同意
BL1	下次我买运动服(鞋)时,我还会买这个牌子	1	2	3	4	5	6	7
BL2	我会一直购买这个牌子的运动服(鞋)	1	2	3	4	5	6	7
BL3	我对这个牌子有强烈的归属感	1	2	3	4	5	6	7
BL4	我愿意付比其他牌子更高的价格买这个品牌的运动服(鞋)	1	2	3	4	5	6	7

---

① 实证研究四的调查问卷,只给出本研究涉及的变量量表。

3. 您的个人信息(请用打钩的方法来选择)

(1) 性别：

(a) 男　　　　(b) 女

(2) 年龄：

(a) ≤20 岁　　(b) 21—30 岁　　(c) 31—55 岁　　(d) 56 岁以上

(3) 学历：

(a) 大专以下　(b) 大专　　　(c) 大学本科　(d) 硕士以上

(4) 您个人的月收入：

(a) 1 000 元以下　　　(b) 1 000—2 000 元　　　(c) 2 001—3 000 元

(d) 3 001—4 000 元　　(e) 4 001—5 000 元　　　(f) 5 001 元以上

致　　谢

　　感谢我的博士后导师庄贵军教授。2007年我完成了博士论文答辩,以《渠道依赖、权力结构与策略:社会网络视角的研究》为题的博士论文针对传统渠道权力理论缺乏网络视角的缺陷,从社会网络理论的角度对网络视角下的渠道权力结构问题进行了较为系统的理论研究(实际上只完成了理论框架的建构而没有进行实证检验)。作为论文评审专家和答辩委员,庄老师在肯定论文理论研究工作的同时,非常关心如何对论文的理论命题进行实证检验。2008年年底,我非常幸运地投身到庄老师门下开始博士后研究,研究的主题就是对博士论文中的理论命题进行实证检验。在这三年多的博士后研究工作中,作为国内营销渠道研究领域的领军学者,庄老师在实证研究方案设计与操作方面给予了非常细致、深入的指导,这是本书最终能够成稿的重要基础。在工作方式上,庄老师准许我在职进行博士后研究,让我能够兼顾在东北财经大学的工作。每次到西安交通大学汇报研究工作,庄老师和师母都会以家宴热情款待,这让学生倍感温暖。再次深深感谢庄老师对此项研究工作的大力支持和一直以来对我个人成长的关爱与支持!

　　感谢我的博士生导师夏春玉教授。感谢夏老师一直以来对我研究工作的支持和我个人成长的关爱!这本书是我攻读博士期间研究的延续,是在我博士论文的基础上完成的,希望这本书的出版能再给老师交上一份答卷!

　　感谢香港城市大学市场营销系周南教授和苏晨汀教授。两位师长在学术研究上给予的指导将会让我在未来相当长的职业生涯中受益。苏老师对我研究选题与方向的肯定和鼓励一直让我很有信心朝着这个充满挑战的研究方向努力!作为我的"师爷",周老师的嘉许、期望与关爱之情总是让我心中充满感动,并总有一种不能辜负师长厚望的动力激励我前行。尤其是2012年7—10月受两位师长的邀请,我在博士后答辩出站后有机会到香港城市大学市场营销系进行短期学术访问,这段难得的时间让我有机会能够就社会网络嵌入与渠道研究的方法及未来研究方向向周老师、苏老师及杨志林教授多次请教与交流,这对本书的最终定稿意义重大,对我未来的研究方向更是意义非凡!

感谢在博士后研究期间我的一些合作研究者,与他们的合作极大地提升了我研究工作的质量,我从中收获良多!他们是香港城市大学市场营销学系杨志林教授、香港浸会大学企业管理学系李骥教授、西安财经学院商学院讲师张涛博士、东北财经大学工商管理学院讲师张杨博士,以及我的硕士研究生杜楠、田敏(此二位现为东北财经大学市场营销专业博士研究生)和关宇虹(现为清华大学市场营销专业博士研究生)。

感谢在本书研究数据收集过程中给予大力帮助的以下人员:辽宁世联市场研究有限公司总经理梅铁民先生、大商集团组织干部处处长姜艳军先生、时任大商集团传媒有限公司总经理的李江荣先生、时任多普达手机东北区销售总监的高云峰先生、国美电器大连公司孙莺女士、沃尔玛大连公司王娟女士、吉田拉链大连公司孙凯女士,以及我的 MBA 学生王子言(现为东北财经大学市场营销专业博士研究生)、张富、赵倩、鲁楠、李春佳、陆志宝、汤放、刘鑫和周连强等,我的硕士研究生杜楠、田敏、闫明、吴启双、高洁、唐微、关宇虹、曹冰、刘娇和万莹等。

感谢东北财经大学工商管理学院院长高良谋教授和前任院长卢昌崇教授对我博士后研究工作的支持。

感谢西安交通大学管理学院人事主管王龄珺老师和交大博士后办公室和云翔老师,感谢他们在办理进站与出站手续,以及在站研究期间给予的大力支持和帮助。

感谢西安交通大学管理学院庄老师门下的师弟和师妹们,感谢你们在我博士后研究期间给予的方方面面的支持和关照,与你们的相处让我感受到了暖暖的亲情。

感谢大连市学术专著出版评审委员会对本书出版经费的支持。

感谢北京大学出版社叶楠女士在本书出版过程中给予的大力支持和出色而富有成效的工作。

本书的研究得到了以下研究项目的资助,一并表示感谢:

中国博士后科学基金面上项目:《营销渠道网络结构对营销渠道行为的影响研究》(编号:200904501257),2009—2011 年。

中国博士后科学基金特别资助项目(第四批):《社会网络嵌入对营销渠道控制行为的影响研究》(编号:201104626),2011—2013年。

教育部人文社会科学研究规划项目:《社会网络嵌入对营销渠道控制及其结果的影响》(编号:10YJA630200),2010—2013年。

国家自然科学基金青年项目:《企业及其边界人员角色导向对营销渠道治理机制及其结果的影响:基于角色理论的多层面研究》(编号:71202038),2013—2015年。

教育部新世纪优秀人才计划项目:《组织间关系与跨组织人际关系交互作用对中国企业渠道治理机制的影响:本土文化视角》(编号:NCET-13-0708),2013—2015年。

最后感谢我的家人对我研究工作的支持!